沈黙は
愚かである。
今、薩摩の地から
反旗を翻す。

地方一揆

岩崎産業株式会社
代表取締役社長
岩崎 芳太郎

発行：ダイヤモンド・ビジネス企画
発売：ダイヤモンド社

まえがき

２０２０年2月に新型コロナウイルスのパンデミックが発生して3年の間のコロナ禍対策で多大な経済的損失を被っている交通事業者や観光事業者の1社である弊社（いわさきグループ）も、事業継続が危うくなるほどのダメージを受けました。コロナ禍がなければ3年間で１２０億円程度は得られたであろう営業キャッシュフローがゼロとなり、逆に１００億円のキャッシュアウトとなる損害を被ったのです。

落ちぶれた弊社も幸い、売却する資産がまだ残っていたので、それを売却して倒産は免れましたが、本来その資金は弊社が新しい経済環境に対応すべく事業の re-engineering をするための軍資金でした。

当然新しい環境に適応するために投資をしない企業は、いずれ淘汰されるのは必至です。いずれ2人の息子が経営を継承することを考えると沈痛な気分になります。

大体、3年間のパンデミックが収束して、Ｗｉｔｈコロナと称するある種の正常態になった現在でも私たちへの救済・支援策は無いに等しいのです。然るべき救済がなされるだろうと考えていた私は本当に甘かった。日本の為政は予想以上に劣化していたのです。

世間の人々はコロナ禍がなかったかのように新しい関心事に目が向き、政府も都道府県知事も、そちらへの対応にすべての資源を費やすことを当然としています。

本文中にも書きましたが、日本人は本当に聞き分けがいいのか、諦めが早いのか、損失を被っていないほとんどの日本人はともかく、コロナ禍対策で被災した人たちですら、その厄災の記憶は薄れ、いずれ消失してしまうと思われます。

過去において日本を大きく変えた重要政策もそうでしたが、コロナ禍対策がもたらしたものについての検証が誰によってもなされません。

私として釈然としないものがあります。こんな仕打ちこそ「理不尽」以外の何ものでもないと思っています。

日本人的には、「前を見て頑張る」のが良識人なのでしょうが、私は、非常識と思われようが、自分の信念に基づいて行動を起こしました。これを「観光一揆《いっき》」と称しています。

本文中に細々《くどくど》書きましたが、地方の企業のオーナー経営者になって40年、ずっと感じてきた理不尽な経営環境による地方の同族会社が受ける不公正かつ不公平な搾取に対する怒りが動機になって、その本源的な原因である日本の国家経営のおかしさについて物申すことにしました。

また、私は、政治家や経営者は「心即理」、「致良知」、「知行合一」であるべきとの信念を大切にしていますので、本書上梓とは別に尾身茂分科会会長、小池百合子東京都知事、中川俊男元日本医師会長を相手取ってコロナ訴訟を起こしました。

3年間凶作だったにもかかわらず、3年分の年貢を取りたてるような圧政を敷く為政者に対して被支配者の農民は一揆を起こすはずです。何故なら彼らは生きていけないからです。

元来、為政者はそんな苛税を課して農民を殺してしまっては、それ以降年貢が一石も入らなくなりますので、そんな悪政は行いません。農民も、自分たちがいなければ為政者は領地経営ができないだろうとの自負心があるのです。

「一揆を起こす矜持《きょうじ》も持たない」とは自分たちが行っている生業《なりわい》が、世のため、人のために必要な産業であると自負心がないと思われることを意味しての表現です。少なくとも私のような経営者や事業主は、そういう矜持を持って事業経営を行わないと、従業員が自分の仕事にどうして誇りを持てるのでしょうか。だから観光・交通・飲食で人手不足が深刻になるのです。

本書の表題も、そういう思いから「地方一揆」にさせていただきました。

観光一揆としては、鹿児島県知事と日本国政府を相手取り訴訟を起こすべきところですが、諦めの悪い私はコロナ禍被災の交通・観光事業者の資金繰り支援の具体的施策として、日本政策金融公庫の行っている劣後ローンの枠拡大と金利補助を行ってもらえないかを、政府関係者や知事に働きかけていますので、そちらへの訴訟は現時点では控えております。

二〇二四年十一月

岩崎芳太郎

目次

序章

日本の劣化

新しい資本主義とマルキシズム

私はアンチグローバリストでインターローカリストです

ダイヤモンド・ビジネス企画社さんとの打ち合わせで執筆者が何者かわからない本は買ってもらえないし読んでもらえないとの指摘を受けました。この本が私にとって3冊目の執筆本となりますが、前の2冊には買ってもらう、読んでもらうという視点は、ほとんどありませんでした。

執筆者としては多くの人に読んでほしいことは当然です。前の2冊は、ただ私の考えを世間に訴えることにより、1人でも多くの賛同者が得られて、世の中の在り方が少しでも良い方向に（私の目から見てですが）変わればいいと思っての執筆でした。「1人でも多くの賛同者」と書きましたが、「1人でも多く」については、本当はそう真剣に考えていなかったのかもしれません。1人でも多くの人に買ってもらうという発想が皆無だったからです。

私はいわゆる「陰謀論者」です。ところで陰謀論をウィキペディアで調べると「conspiracy theory とは、なんらかの有名な出来事や状況に関する説明で、根拠の有無にかかわらず『邪悪で強力な集団（組織）による陰謀が関与している』と断定したり信じたりしようとするものである。この言葉は、偏見や不十分な証拠に基づいて陰謀の存在を訴えていという、否定的な意味合いを持って使われることが多い。『陰謀論』という言葉は、単純に秘密の計画を指す『陰謀』とは異なり、科学者や歴史家などその正確性を評価する資格のある人々の間で主流の見解に反対しているなどの特定の特徴を持つ『仮説上の陰謀』を指すものである」と記載されています（本書の一部内容に関連するところに傍線を引きました。ご留意ください）。

私はアンチグローバリストであります。ただしナショナリストではありません。世間一般の人々はグローバリゼーションとグローバリズムを混同してものを考え議論しますが、グローバリゼーションは現在の地球もしくは国際社会の実態を解説する言葉であり、グローバリズムは思想もしくはイデオロギーの一つです。ちなみにグローバリズムを世界政府論と訳すと陰謀論になります。「主権国家否定主義論」と解すのが私はいいと考えます。グローバリズム、ナショナリズム云々の自説の解説は本書では省略させていただきますが、グローバリズムもナショナリズムも哲学のレベルに達していない俗っぽいイデオロギーに過ぎません。「陰謀論者」で「アンチグローバリスト」で、かつ「ナショナリスト」でもない私のマイナーな私見を本にして、それを買って読む人がいるのか甚だ疑問です。

特に「陰謀論者」のラベリングはマーケティング的には大きなマイナスです。一般の人々は「科学者や歴史家などその正確性を評価する資格のある人々」が述べていることがFact だと信じていますし、マスコミは当然 YouTube などのＳＮＳでもファクトチェック（検証行為）という情報操作で言論統制が行われていますので、善良で無辜《むこ》な一般の人々にとっては陰謀論者の書いた、いかがわしい本は買ってまで読むに値しない本と思ってしまうでしょう。

自己紹介

原点にかえって、本書上梓の目的が賛同者を増やすことによって世の中を少しでも良い方向に変えることであると、改めて意識した場合、「私が何者か」をまず潜在的な読者に対して示すことが大切ではないかとの考えに帰結しました。少なくとも現在のグローバルな国際社会の中で、日本の対外政策と国内政策が、それは切り離せないのですが、何かおかしいと思っている人々、特に地方の人や、自分で事業や商売を行っている人に多いと思いますが、そんな人々に読んでみようかと思わせることができるかもしれません。私は地方の企業経営者ですので、置かれている環境が似ている人には共感してもらえるかもしれません。

まず簡単な自己紹介です。昭和28年、1953年生まれですので執筆している現在70歳です。小学6年生の時、東京オリンピックがありました。大阪万博は高校3年生の時でした。東西冷戦の終了（ソ連の崩壊1991年）の時には鹿児島に戻って家業を継いで経営者をやっていました。大学を卒業して8年半、大手商社でサラリーマンを経験し、その時1980年から1984年の約3年半、米国ニューヨーク市で商社マンとして働いていました。祖父が創業者で私はいわゆる3代目という立場にあります。息子が2人いて、ともに現在、家業で経営者見習中ですが、この国の先行きを、特に切り捨てられて衰退していく地方の10年、20年後を考えると家業を継ぐのではなく、東京でサラリーマンでもやっていたほうが本人やその家族にとっては幸せだったのかもしれないと思っています。

祖父與八郎、父福三を私は事業家、経営者として尊敬しています。2人とも鹿児島にこだわって事業を起こし、経営を行ってきた人間で、祖父が18年、父が11年、鹿児島商工会議所会頭を務めました。私も2013年から会頭職に就いて、現在11年目であります。県庁所在地の商工会議所の会頭が3代同一のファミリーから出ることは珍しい事例だと思います。

我が社のことを補足しますと、岩崎産業株式会社という会社を中核として約30社のグループ経営を行っており、いわさきグループと自称し、地域でもその呼称で通っております。創業が1922年で2022年が百周年でしたがコロナ禍でお祝いごとはやりませんでした。いわさきグループは鹿児島にこだわってやってきた企業体で、事業理念の一つに「自尊と自律による、個人と地域の自助・自立の実現」と「誇りある家業の継承」があります。ちなみにこの事業理念は私が創ったのですが、一番大切な事業理念が「自助・自立・自尊」であります。また資本と経営が分離していない家業であることが大切だと思っています。

祖父は全国的にも有名な実業家でありました。今は実業家という言葉が死語となりましたが、当時は日本あまねく全国ブランドの実業家がそれぞれの地域にいたのです。祖父は昭和27年と昭和28年に地元の鉄道会社とバス会社を買収し、当時、地域公共交通会社が地域開発を担うのが流行でしたので、祖父も昭和30年に当時無名だった湯治場、指宿《いぶすき》に大規模投資をして指宿観光ホテルを建設し、昭和40年代には指宿を全国でも有名な観光地の一つにすることに成功しました。

祖父は九州の観光王の1人であります。祖父の残した言葉で「資源は有限。観光は無限」というのがありますが、孫の私が言うのも何ですが、これは至言だと思います。後述する訴訟も私たち観光事業者に然るべき救済策を行わないのは、この国の為政者が観光をこの国に必要な産業でないと軽んじているからだと思い、矜持を持って観光事業を営む者の誇りと尊厳を守るためという側面もあります。

エズラ・ヴォーゲルの『ジャパン・アズ・ナンバーワン』が出版されたのが1979年です。1980年代の中頃が、いわゆるバブル経済といわれる戦後日本の絶頂期、バブル崩壊が1989年5月、政府の金融引き締め政策がきっかけでした。いわゆる「失われた30年」とは1990年代半ばから現在までの30年間のことを言うのだと思います。

この日本の栄枯盛衰を我が社に当てはめると、1987年、祖父はフォーブス誌の世界の富豪ベスト100に第8位で載りました。ちなみに、第1位は西武鉄道グループの堤義明氏でした。確か、この時ベスト10に日本人が5人入っていたと思います。その頃は、我が社の社員数は6000人ぐらいでした。グループの企業数も売上も現在の2倍以上でした。

現在社員数が2000人弱です。日本がこの30年間で一等国から三等国にすべり落ち、我が社も安泰な会社から存続可能性が危うい会社に没落したのです。負け組日本の中の負け組地方企業が我が社です。その事実を冷徹に受けとめながら何とか倒産させないで、逆風の中で頑張ってきた地方企業のオーナー経営者の意地として、「我が社はまだ負けていない組」と皆さんには申し上げることにしています。

上梓の目的

自己紹介の次に、何故本書を上梓したいのか、何を訴えて、何に賛同してほしいのかについてさわりを序章で書いておく必要があります。あくまでもさわりです。ただし本書の中で使われている言葉の定義や意味、そして言説の前提なる概念や考え方について、私の場合は標準的な日本の知識人とはかなり異なった認識や思考をしていますので、いらぬ誤解を生じさせて世間で炎上しないように、少しだけ私の異説を紹介することにします。

日本語は特殊な言語で、しかも現在、公用語に漢字（繁体字）を使っているのは日本だけになってしまいました。そういう意味でグローバリゼーションの進む世界で、日本語を使う日本人は主に欧米の国々がイニシアティブをとって構築していくグローバリズム社会のルールやその言葉が意味する概念（コンセプト）の本質を正しく認識できているのか疑問です。多分、認識できていないというより、彼らによって印象操作、認知操作されていると思います。一番典型的な言葉が「民主主義」です。「民主主義」という言葉が何かあれば直ぐ安直に使われ、それはイコール正義（錦）の御旗となります。日本人ほど「民主主義」という言葉に弱い国民はいないでしょう。倒幕の時に官軍が揚げて江戸に進軍した御旗は長州が作った偽物だったという話は本当だという人が意外と多いです。

ウィキペディアの陰謀論の説明で「科学者や歴史家などその正確性を評価する資格のある人々」とありますが、その資格があると評価するのは誰なのでしょうか。「歴史は勝者によってつくられる」という格言は世界でポピュラーな格言ではないでしょうか。日本でよく右と左と使われますし、東と西もよく使われます。冷戦時代が終わったのに、いまだに東が社会主義勢力で、西が自由主義勢力といった感覚で用語使いをするのに私は違和感を覚えます。右、左もそうです。民主主義が右と左にそれぞれぐるっと回って180度の反対側で出合ったポイントを全体主義といいます。最近流行の「グローバル・サウス」も北の先進国、南の後進国（今は発展途上国という）と区別していたころの南《サウス》にイメージがリンクして、いまだに地球の南北問題は解決していないことを再認識させられます。

前置きが長くなりましたが、ソ連が崩壊し、東欧の国々が自由主義経済圏に入り、自由主義経済VS共産主義・社会主義は自由主義経済つまり西側の勝利で終わったという解釈が世界の通説です。しかしこの通説を前提でグローバルな国際社会と見るのは間違っていると考えてほしいのです。そうしないと今世界で起っている真実を把握できないと私は思います。

ところで自由主義・社会主義・共産主義云々の話は、話を掘り下げると大変なボリュームのページを割かなくてはならなくなるので簡単に済ませますが、共産主義（いわゆるマルキシズム）は世界革命を前提とするイデオロギーですから、スターリンが実現した一国社会主義はマルキシズムとは別物であります。ソ連の崩壊はマルキシズムの終焉ではなく、再生と考えられます。マルキシズムが本来求める世界共産革命の実現のために組織された団体、第４次インターナショナルの本部はニューヨークにあったらしいです。今のロシアは共産党独裁の社会主義国家ではありませんが、プーチン大統領をさもスターリンに近い独裁者的なイメージで先入観を持って見るのは、西側の情報操作による認知バイアスにかかっていると思います。私の理解する限り、現在世界でマルキシズムのイデオロギーを継承して活動しているのは、資本主義国家アメリカ合衆国のハーバード大学やコロンビア大学など有名大学の学者たちです。その学者たちの多くが、１つの学問の系譜をつくり出しましたが、その系譜の一つにフランクフルト学派があります。後述する現代言語学の父ノーム・チョムスキーも、小説『１９８４』の著者ジョージ・オーウェルも、ウィキペディアの創始にかかわったラリー・サンガーも、この学派に繋がる思想の持ち主であることは、丁寧に調べるとわかります。

井の中の蛙にならないために

プーチンとゼレンスキーどちらが独裁者か。多くの日本人が1991年までの冷戦構造の既成概念を前提に評価や価値判断を行っています。しかし、その冷戦構造時代の先入観念を捨てて無心で再度世界について勉強すると、違う景色が見えてくると思います。日本人は白人の考えついた西洋哲学やイデオロギーについて苦手意識が強いですが、最低限の西洋思想の基本知識とそれに対する日本人としての自論を持つべきと私は考えます。この辺の話は本書を読むにあたって本当は核心でもありますが、それを書き始めると厚めの書籍1冊分になりますのでやめます。しかし、「啓蒙主義とは」、「民主主義とは」、「新自由主義経済とは」、「立憲主義とは」、「グローバルスタンダードとは」等、本書を読むにあたって自分なりに考えを整理していただくとありがたいです。

グローバリズムは主権国家否定主義と私なりに定義しましたが、そういう点では共産主義と同根であります。無神論、人知至上主義でも共通します。岸田文雄前・総理の言う新しい資本主義もこれは世界経済フォーラムのステークホルダー資本主義の受け売りですが、その本質は社会主義もしくはグローバル（インターナショナル）な共産主義のことです。ベーシックインカムも共産主義そのものです。

上から目線で恐縮ですが、日本の失われた30年とその間に起こった日本人の劣化と日本の廃頽と衰退は、西洋的な考えが、それは欧米先進国に都合のいい論理ですが、国際連合やG7などの枠組みでグローバルスタンダードもしくは普遍的価値観として世界ルールとなったとき、なぜか日本の指導層が、それを盲目的に受け入れ、日本人の洗脳に能動的に手を貸したからだと私は考えています。日本を劣化させたのは、日本の知識人、学者、マスコミ、官僚、大企業の民僚、そして政治家だったのではないでしょうか。

確かにグローバリゼーションが進む世界で日本もかたくなにナショナリズムを貫き通すことは愚かなことですし、まず不可能です。しかしグローバリズムを無定見に受け入れるべきではありません。日本の優れた国柄や日本人が日本人たる所以を見失わないで守り、次世代に継承していかないといけません。

幕末の日米修好通商条約締結で攘夷／開国と国論が二分する中、島津斉彬公は幕府への建白書で（1）必勝の見込みがないのに戦闘して一時的に打ち払っても、本格的な戦争になれば国は疲弊し内乱が起こるかもしれない。（2）まずは条約を締結して、富国強兵し産業を興すことに注力すべきだ。（3）そもそも日本は万国と比べて、徳に優れ、非常に立派な国である。だからこそ後顧《こうこ》の憂いがないように今は臥薪嘗胆して将来に備えるべきだ、と幕府や朝廷に意見具申しているのです。

この斉彬公の考えは、日本は諸外国より徳に優れているが、現実的には文明や技術については劣っている。だから今、安易に戦争したら、国が疲弊し、内乱も起こるかもしれない。ここは一旦、条約を締結して、富国強兵、殖産興業に努力すべき。そうすることで徳ある日本の国柄と民の安寧が守れるということです。

肝心な日本人の優れているところ、日本の国柄の優越性を蔑《ないがしろ》ろにして、ＤＸやＧＸやＡＩで日本が復活するという虚構を信奉する今の日本人を斉彬公が見たら、さぞや嘆くことでしょう。

自分の頭で考える

今の普遍的価値観や新自由主義やグローバリズムを喧伝して、それらの思想で日本人の伝統的精神を塗り替えようとする人々が、本当に日本を強く優れた国にしようと思っているとは、私は考えません。しかし現実は、この30年間、かなりの日本人が悪い方向に染まってしまいました。このことを私は、日本人の劣化、日本の劣化、廃頽と呼んでいます。

さて、読む前から私を社会通念から外れたことを言うおかしな奴だと思わないでください。まずは通読でかまいませんから読んでいただき、興味があった部分があったら、自分なりに深掘りしてもらったら、「科学者や歴史家などその正確性を評価する資格のある人々」とは異なる見解を確信して持つことができるかもしれません。そうなったら執筆者としては、本書上梓の目的を少しは達成できたことになります。

前述したように、ダイヤモンド・ビジネス企画社さんとの打ち合わせで急遽決定した方針なので序章を前半と後半に分けて執筆することにしました。本書の上梓の動機と目的についてては序章後半に記載することにします。

日本の劣化、地方の消滅、そして日本の消滅

現在の日本人は「一揆」すら行えないほどに矜持がない

近代日本において「おかしな」と思う部分はいろいろとありますが、その根底には中央集権と官僚制があると考えています。その象徴的な存在が戦前では大日本帝国陸海軍、戦後では大蔵省、今の財務省と金融庁です。本書では税金の取り方の問題や使い方の問題を論じてから官僚制の問題を論じます。都に住む官僚たちが尊大に振る舞うのは、自分たちこそ「公《おおやけ》」もしくは「国家」であるという自負でしょう。

ここで勘違いしてほしくないのは、私は世に言う役人嫌いではありませんし、官僚の方々とは親しくお付き合いしています。ここでは、一つの個性としての官僚個人を指して言っているのでもありません。制度としての、組織としての、システムとしての、官僚制の構成員としての官僚一般を言っているのです。一人ひとりの官僚を個性として見れば、有能かつ人格も素晴らしい人が少なくありません。でも、そんな人も官僚制というシステ

ムの中では悪い意味での官僚として考え、発言し、行動してしまいます。

官僚が、自分たちが「公」と考えていることに起因するこの国の問題で、まず語らないといけないことが税金に関してです。なぜなら官僚の驕《おご》りは、税金を原資としてそれを配分しているという立場の強さにあるためです。

富の再配分という役目は、近代の三権分立の民主主義政治システムでは政府の必須の役割ではあります。しかし富の再配分は、本来は為政者が担うものですが、今の日本では実態は官僚組織が担って（牛耳って）しまっています。

なぜ、このような事態になってしまったのでしょうか。

それは政治が劣化したためです。そして政治を劣化させたのは私たち日本国民でしょう。民主主義においては選挙民のレベルを超える政治家は出てこないといわれています。政治家の劣化は国民の劣化の帰結ではないでしょうか。

日本を劣化させたアメリカ

それではなぜ、日本人（日本国民）は、そして日本は劣化してしまったのでしょうか。

その原因をやや陰謀論的に言えば、アメリカ合衆国が日本に施した占領政策に求めることができるかもしれません。その占領政策とは、日本が二度とアメリカ合衆国に、日本人が二度とアメリカ人に逆らわないように、闘いを挑まないように、弱体化することを目的とした諸政策のことです。アングロサクソンの人々の得意な植民地政策が根底にありますが、最も象徴的なものが日本人の自尊心を奪う自虐史観を植え付けることと、そのための共産主義的教育制度の押し付けでありました。しかし、私はこれですべてを説明できるとは考えませんし、すべきでないと考えます。ただ一考することは必須です。

その他にもいろいろな原因が考えられます。というより、その「その他の原因」のほうにこそ、日本人はよく考えを及ぼし自省すべきことを自省しないといけません。なぜなら戦争が終わって79年もたっているのですから。それらについては本書全体を通して明らかにしていきたいと考えています。

いずれにしても、日本人の長所と短所が、悪い方向に作用して政治の劣化をもたらし、その結果、官僚の台頭を許してしまったのです。

仮に政治家が廃頽・劣化したとしても官僚が政治家の代わりに正しい国家マネジメントを行っていれば問題はありません。しかし官僚、政治家ともに廃頽・劣化したため、この国の為政は劣悪になりました。このたびのコロナ禍に対する施策により、我が社も含めた観光業や地方が被害を被ったにもかかわらず放置されていることは典型的な事例です。

観光一揆

このままでは観光業が見殺しになってしまうところまで追い込まれましたので、「観光一揆」なる言葉を掲げて声を上げようと考えました。

もっとも、現在の日本人は「一揆」すら行えないほどに矜持を持てなくなっているみたいです。私からすれば地方のリーダーの立場にある人や中小企業経営者の皆さんにもっと郷土への誇りと地域としての自助心・自立心を持って行動してほしいと思います。

私はナショナリスト（国家主義者）ではなくローカリスト（地域の価値を発信するもの）であるからです。しかも私は、アンチグローバリストですが、グローバリゼーションを前提に会社経営を行わないといけないことを理解していますので、インターローカリスト（私が作った造語です）を自称しています。

加えて地方主権論者ですので、地方分権を、「地方を馬鹿にするな。中央から権利を分け与えられているつもりはない」という感覚で捉えています。余談ですが、東京オリンピックや大阪万博やリニアモーターカーに対して、なぜ、東京、大阪、名古屋だけいい思いをする事業に国のお金が投入されるのか、私は理解できません。

「地方公共団体」という存在

前岸田政権で改憲の話が出ていましたが、その思惑はさておいて、私は自民党案には断固反対であります。理由は、私は廃県置藩論者であるからです。

日本国憲法には地方自治について述べているのはたった1条しかありません。民主主義システムで普遍的価値観として地方自治の概念が、日本国憲法が規定するシステムに考慮されていないのは私の常識からすればあり得ないのです。アメリカは合衆国ですし、オーストラリアはコモンウェルスです。

明治維新から約80年間中央集権で、かつ官僚統治でやってきた日本がアメリカ合衆国から日本国憲法を押し付けられたときに大日本帝国を統治してきた政治家と官僚の残党が中央集権に執着したため、日本国憲法の中にローカルガバメントという概念と言葉を入れないようにしたのだろうと私は邪推しています。だから日本国憲法の地方自治の条文には地方政府ではなく地方公共団体という日本独特の造語が記載されています。

２００９年に大都市部の左系の弁護士さんたちが幾つかの訴訟を起こして国が敗訴しました。その結果、自民党はそれまでの支持基盤を見限って選挙区改正を行い、人口が集中する大都市部から選出される国会議員が多くなりました。島根と鳥取、徳島と高知は２県で1選挙区のため、それぞれの県から参議院議員1人ずつを出せないのです。

私は絶対におかしいと思います。国政選挙で1票の格差が3倍以上であることを違憲とした最高裁判事も、それを根拠に世論を誘導した大手マスコミの人間も、全員東京の人です。判事は当然官僚ですし、大手マスコミのサラリーマンも第3権力の民僚です。日本は明治維新から150年超、敗戦で国民主権国家になってもずっと中央集権国家であります。

グローバリストの横暴

前内閣総理大臣の岸田氏がG7やダボス会議などの国際的舞台で普遍的価値観や新しい資本主義などといった欺瞞《ぎまん》的な言葉を口にしています。DXやGXを推進するために兆円単位の予算が組まれます。

「日本経済新聞」や竹中平蔵氏などのような新自由主義的経済推しのグローバリストたちが、さも日本はイノベーティブでないから、構造改革しないから、規制緩和しないから、生産性が低く、欧米先進国に後れを取っているのだと喧伝します。

働き方改革で、働くことは美徳でなくなりました。小泉改革以降、日本は本当に構造改革や規制緩和で強くなりましたか。日本の強みから日本人の勤勉さを除いたら、あと幾つ強みが残るのでしょうか。人口が減少し、少子高齢化する日本です。人がいなくなり、人材が、人手が足りなくなり、その上高齢者が2030年で32％になります。もともとエネルギーも100％近く輸入で、食料自給率も38％です。悲観的にならざるを得ません。政府は、政治家は、官僚は何をやっているのだと言いたくなります。

私は、普通の日本人の皆さんが覚えている違和感にこそ大義があると考えています。近年、正しいとされているグローバル主義や新自由主義的な考え方や欧米先進国に盲従するだけの外交政策、そして官僚が権力を強めるために流布している理論（財政均衡主義）は間違っているのではないだろうか、と疑ってみて自分なりに勉強することは大切です。消費税増税はおかしい、大阪万博は開催する必要があるのだろうか、大阪、名古屋、東京の移動時間をこれ以上短縮することに国家としてどれだけのメリットがあるのだろうか、など個別の政策についても安易に容認しないでください。

第2の敗戦とアメリカ支配体制

アメリカ合衆国は、日本が再びアメリカに挑むレベルの国力を持つことができないように、いろいろな占領政策を行いました。ある意味、普通選挙と議会制民主主義の導入もその基本戦略と解釈できます。

本来、民主主義という政治体制は中産階級や民衆が王様や皇帝や領主国と戦って勝ち取るものです（民主主義発祥のイギリス・フランス・アメリカではそうでした）。占領国から与えられ、民からすれば棚ぼたで民主主義政治制度を得られたことなど、世界史上、聞いたことはありません。

棚ぼた民主主義が79年経過して、衆愚政治化しているように思えます。マックス・ウェーバーもプラトンも、政体循環論を唱えています。ただでさえ民主主義は衆愚政治そして専制政治に変わっていくリスクがある中、与えられた民主主義ではより速く劣化しやすいのではないでしょうか。

民主主義は最大多数の最大幸福という原理と多数決という方法論を前提とし、自由と平等のみならず、自然権という権利を万人が生まれながらに有しているという思想を根幹にして国の運営をするのがベストとする政体論です。アメリカ独立宣言の一部を引用すると、「自由および幸福の追求」の権利が天賦のものとされているのですが、自分の幸福を追求する権利のみに人々が固執し、裏にある義務をみんなが蔑ろにしてしまいます。

今の日本は、そんな民主主義の弱点が顕在化してきているような気がします。「金だけ、今だけ、自分だけ」とちょっと前までよく引用されましたが、最近は「金だけ、今だけ、自分だけ」を当然とする社会になったのか、あまり聞かないフレーズになっています。

中谷巌さんという経済学者がいます。小泉改革の頃は規制緩和の論客で、かつ急先鋒でした。中谷先生に『資本主義はなぜ自壊したのか』という著書があります。私が理解する限り、先生は無節操な規制緩和や戦略なき構造改革が日本を弱体化したとの説を唱えていたと思います。

中谷先生とは違い、この国のほとんどの学者や専門家の類いの知識人は、新自由主義的経済をいまだに信奉し、構造改革や規制緩和をさらに進めることで日本が復活すると主張しています。

「イノベーション」という言葉を創ったのはヨゼフ・シュンペーターです。小室直樹著『経済学をめぐる巨匠たち』のシュンペーターの章に、資本主義は成功故に滅びるとし、成功によって肥大した組織は天才的ひらめきや冒険心よりも合理化、自動化されたシステムを求め、集団的な意思決定によってその躯体を維持・運営するようになるとしています。平たく言えば、大きくなると官僚化してしまうと言っています。

つまり、企業が官僚化すると「企業者精神」が弱まり、資本主義の精神が萎縮し、本来の姿を失って社会主義化していくと予見しています。資本主義が成功し、企業が大企業となると官僚化し、「企業者精神が失われ、イノベーティブでなくなる」とシュンペーターは言っているのです。

経団連のメンバーの大企業の社長さんたちが異口同音で「イノベーション」や「ダイバーシティ」という日本。そういう経営者と新自由主義の学者と財政均衡論の官僚が「生産性を高める」、「高付加価値化を努力する」、「DXとGXを進める」というお念仏を浄土真宗の信徒みたいに唱える国の経済が復活するか、私は甚だ懐疑的です。

太平洋戦争の敗戦で、東洋の強国として復活できないように、弱体化された日本は1980年代後半に日本人の良さが功を奏して世界の№1の経済大国アメリカ合衆国の地位を脅かしました。

私は、そのアメリカが日本を脅威に感じ始めた1980年代の前半にニューヨークで商社マンをしていました。アメリカの連邦議会の前で下院議員が東芝のラジカセをハンマーで叩き壊すところをテレビニュースで見ました。CIAのおとり捜査で富士通と東芝の社員がIBMへのスパイ容疑で逮捕されたのも、「The New York Times」を読んで知りました。アメリカは、日本の底力を本当に恐れたのだと思います。

1989年に冷戦が終結して、アメリカが真剣に弱体化させようとした国は、ソ連から日本に変わりました。それから30年超、日本は経済においても再び弱体化され、完全にアメリカの支配下にあるように思われます。戦後の日米経済戦争、前半は日本優勢でしたが、1990年代から負け続け、目下第3回の弱体化政策継続中です。

私が心配するのは、日本側にその意識がないことです。アングロサクソンの植民地統治は、自分たちが前面に出て直接的に統治することはありません。植民地とした国の人からエリートを育成し、彼らを使って間接支配して植民地統治を行います。イギリスのインド統治が典型的なケースです。

最近、日本のエリートの人たちの（全部ではありませんので誤解ないようにしてください）何割かの人たちはアメリカの植民地統治の手先ではないかと疑ってしまうほど、国益に反する政策を良しとして実行しています。そして、将来、日本人が更に大変な思いをする。実に悲しいことです。

私は、子供や孫のために時間はかかろうとも、この悲観的な状況を何とかしたいと思っています。せめて鹿児島だけでも、と思うのです。この好ましくない流れを止めて、改めるためには、この30年間のこの国の衰退の経緯や原因について検証し、改めるべきを断固として改めて、遣り直すことが必須です。

そこで本書では、官僚制、税金や三権分立、グローバリズム、新自由主義、経世済民などの言葉をキーワードとして、この国がどのような状態になっているのか、日本人が失ったが改めて獲得しなければならないものは何かについて考えていきたいと思います。

第1章

検証しない日本人

予算は立てるが決算はしない

予算審議は行うが決算審議はしない国会、企業なら倒産

コロナ禍とは何だったのでしょうか。パンデミックは本当に3年間も続いていたのでしょうか。コロナ対策は科学的かつ合理的で適切なものだったのでしょうか。mRNAワクチンは安全だったのでしょうか――。

実は多くの日本人が、このような疑いを持っているかもしれません。コロナ禍対策に関しては、私は直接的に大きな被害を被った立場ですので、いまだに憤っています。

しかし、日本ではこれらのことに対する検証が行われていません。パンデミック対策やコロナ禍対策は正しかったのかどうか、検証しなければ、私たちの政府は、相も変わらず同じ愚行を繰り返してしまうと言いたいのです。といっても、日本人はずっと「やったこと」、「済んだこと」について検証してきませんでした。今回も、そうなるのでしょうか。

2024年4月4日にNTT法改正案が衆院総務委員会で可決しました。附則にはNT

T法の廃止を含めた制度の在り方に検討を加えることが記されています。

日本経済新聞『防衛省、民間通信技術を安保に』
(https://www.nikkei.com/article/DGKKZO78724240T20C24A2MM8000/)

またまた国の社会インフラと膨大な資産が外資に明け渡されるかもしれません。お金だけの問題ではありません。自衛隊や防衛省の通信インフラにもNTTの通信ネットワークが使用されているのです。

消費税のインボイス制度も法律が成立した時、附帯決議が付いていました。本来ならば国会で見直しについて、改めて審議すべきです。マスコミも音無しの構えでした。財務省のシナリオ通りにインボイス制度が導入されました。国会議員もマスコミも存在価値ゼロです。

今の日本では閣議決定だけでいつの間にか兆円規模の国費が支出されます。国会で予算は審議しますが決算は実質審議しません。

2022年度、2023年度の予備費についても、どう使われたかまったく審議されていません。

コロナ禍対策においても同様でした。例えば我が社を含む中小企業の多くは「ゾンビ企業」などと悪し様に呼ばれています。通常の環境の下で業績が振るわないのなら廃業すべきですが、国のコロナ禍対策のせいで収入が無く業績が悪化してゾンビ化しているのですから、一方的に蔑《さげす》まれるのは納得いきません。

つまり経営に失敗して業績が悪化しているのではありません。国の政策の犠牲者として経営が困窮しているのです。

日本人は忘れやすい。コロナ禍で企業経営が立ち行かなくなって資金繰りに困窮している業種が限られてきました。多くの人はもう人ごとです。だんだん話題に出なくなり、誰にも顧みられなくなりました。

しかも日本人は洗脳されやすい。コロナ禍対策で１００兆円使ったので国の財政が逼迫しているなどといわれています。ただ、１００兆円使ったということは誰かが１００兆円手にしたわけです。野党の国会議員もマスコミも予算については喧々囂々《けんけんごうごう》で世論を煽り政権批判に終始します。しかし決算審議については沈黙です。テレビ放映もありません。財務省のみが「コロナ禍対策で１００兆円を使ってしまった。国の借金が増えて財政が大変だ。財政を健全化しないといけない」というプロパガンダを積極的に行いました。こういうときにマスコミは財務省のパートナーかと錯覚するほど人々の洗脳に協力的です。

ちなみに、皆さんの口座にも10万円ずつ振り込まれました。総額13兆円です。ファイザー社など海外に支払われた分が20兆～30兆円くらいでしょう。電通・JTBなども結構な額の収入を得ました。感染者洗い出しのためのPCR検査キットやマスクやアクリル板を製造、販売した会社は、かなり儲《もう》かったでしょう。まったく役に立たなかったアプリを開発した会社も儲かったでしょう。当然医療関係へは数十兆円が使われました。コロナ患者のための病床に1500万円／ベッド（重症者）の助成金が出されました。尾身茂新型コロナ対策分科会会長が理事長をしていた病院がこの補助金をいくら受給したか調べてみてください。ついでに実際の提供病床が全体の何％だったかも調べてみてください。国が決算しないことがいかに問題であったかということに気付くと思います。

余談ですがこの13兆円が給付された直後に使われたのはおおよそ2～3割だといわれています。

そして国民に配った13兆円を引き出させたいと思う財務省が考えた方法の一つが新NISAであり、まやかしのインセンティブを付けて国民に株を買わせようとしているのです。こうして株価が程よく上がったところで先物売りを浴びせればヘッジファンドは大儲けで、日本国民は大損します。霞が関で新NISAを考えた役人か政治家はヘッジファンドとグルなのではないかとさえ思えてきます。

私たちは、もっと検証する癖を付けなければなりません。決算しない企業を株主が許すことはありません。そもそもそんな企業があったとしたら倒産必須です。

株主としての日本国民は決算しない日本国（政府）を許しています。

閣議決定だけで予備費の使途が決まるのを知らない国民

私は日本バス協会や日本旅客船協会、日本ホテル協会などの理事を務めています。

しかしこれらの団体の執行部は国交省からの天下りと大手町のエリートサラリーマンと東京・大阪の大会社の社長で構成されています。この人たちは私とは異なった思考回路を持っています。私は地方の中小企業のオーナー経営者です。地方では政治に積極的に関わってもらわないと解決できないことがたくさんあります。でも既存の組織の執行部の人たちは政治が絡むこと、政治を絡めないと解決できないことには触りたがらないのです。

例えば日本バス協会で言えば、路線バス事業で、コロナ禍で2020年度だけで2000億円の赤字を出しているにもかかわらず、公共交通の担い手に対する救済措置を出すように要望することもしていません（年間の地方の過疎路線への補助金は280億円です）。

つまり主張すべきことを主張していません。特に地方のバス事業者は公共交通機関であるバスを利用している人々のために声を上げねばならないのです。でも誰も騒ぎません。

会長だけでなく副会長や各種委員会の委員長も大企業のサラリーマン社長さんですから、バス事業が現在おかれている経営環境についての危機感に差が出ます。運転手が不足しているなどといった難題は人ごとのように扱われます。

他の協会も五十歩百歩です。昔の業界団体は政治に対して物申していたのです。今の業界団体は役所と相談して政府に陳情します。政治家と担当省と内閣と財務省の四者で、一番力を持っているのは財務省で、その次が内閣のように感じます。

この権力の構造の変化は、政治の劣化、政治家の劣化に起因しています。

政治が劣化していることの例として予備費の扱い方があります。本来は災害対策やコロナ対策で積み上げたはずの予備費が、ウクライナ紛争による物価高騰対策などに用途が変わっています。予備費は国会審議を必要としません。

国民には知らされていませんが、予算を組む際に予備費を1・5兆円などと確保した際、その使い方は閣議決定だけで決めて支出していいそうです。

国会の、国会議員の、政治家の承認なくして政府が好きに国民のお金を使えるなんて、おかしいことです。

昔は予備費を計上しても、何に使ったのかをきちんと国会で報告して決算していたのです。余ったときには返還されていました。単年度で余った分は補正減額していました。

ところがいつの間にか持ち越して別途基金をつくった後、その基金から自分勝手な用途に流用できるようになっているのです。ですから突然防衛費として1・3兆円くらい使おうという話が出てきます。

国会で検証されない予備費の使途の不透明性

「予備費」とは、本来は国や地方公共団体の予算で、予期できない事態に対応するために生じる予見できない歳出予算の不足を補うために計上される費用を指します。

国の予備費は閣議決定で使えます。

本来は何か起きたときのためという目的を定めずに用意するはずの予備費が、漠然とした目的のために多額に計上されています。

しかもその目的には使われていないのです。予算は、国会で審議して、承認を得るものですが、有名無実の状態です。その上、予備費が何に使われたのかを国会で検証されているようには思えません。国会議員は決算に関心がないのです。

一応、会計検査院が検査はしているようですが、報告すればいいだけという形骸化したお約束ごとになっています。

ですから災害のために使うと言って計上しながら防衛費に回すといったことが何の抵抗にも遭わずにできるようになっています。

参考までに2020年度以降、いかに野放図に予備費が計上されたかのグラフを載せておきます。

役割を果たさないマスコミと検証を求めない国民

国家のマネジメントの視点において、コロナ禍対策で投じられた100兆円の使途に関しては、その有効性や適切性について十分な検証がなされていません。

このような状況が続くのは、国民から

■図表　2020年代中葉の財政運営

・経済、財政の「正常化」に取り組み、「例外」から脱却

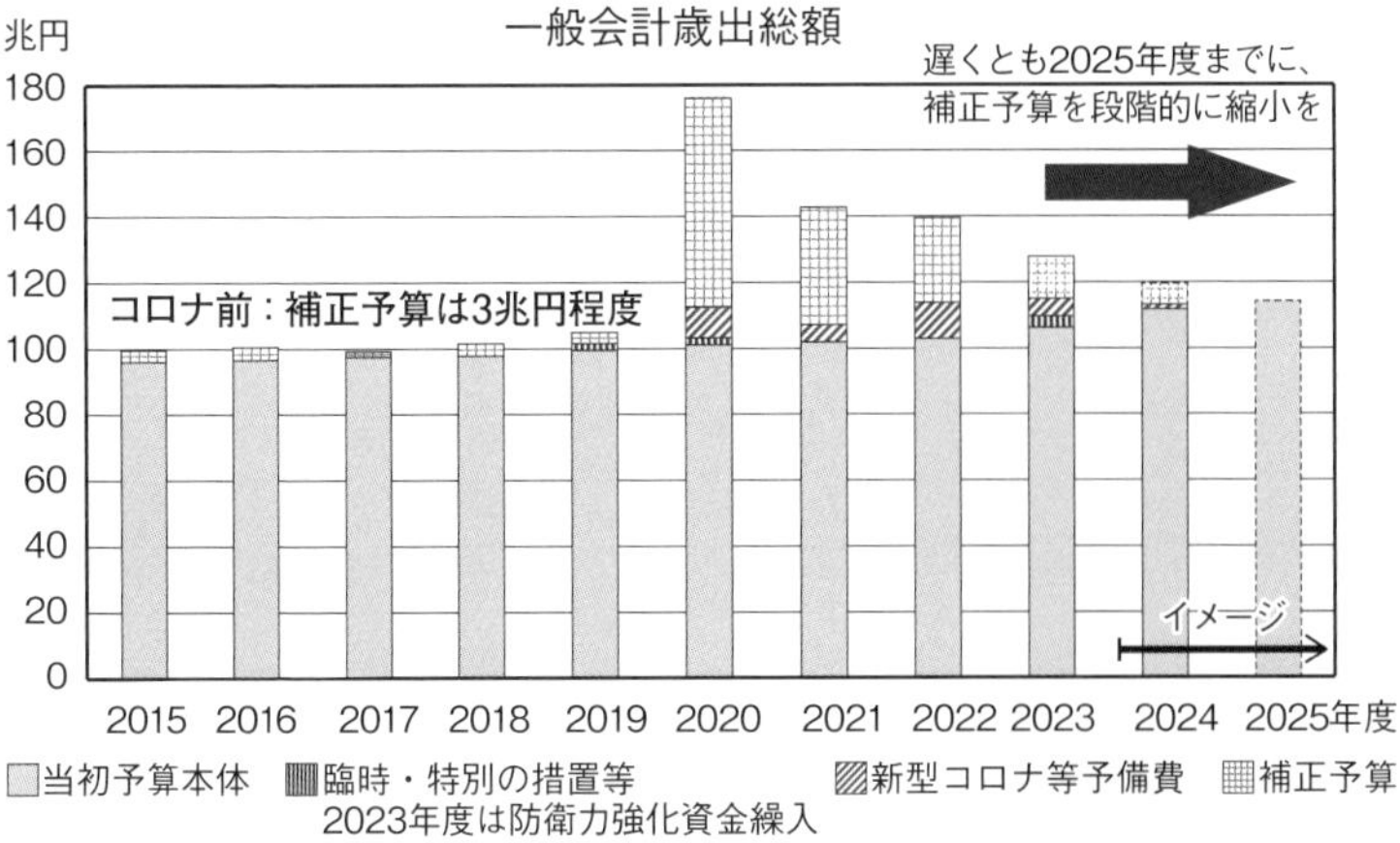

出典：「我が国財政の現状と財政健全化に向けた考え方」土居文朗（慶応義塾大学経済学部・教授）

の検証要求が少ないことや、マスコミが本来の役割を果たしていないことが理由として挙げられるでしょう。

マスコミは国民に情報を提供し、啓発する立場にあるはずです。しかし、現実にはスポンサーや読者・視聴者の意向を過度に意識し、ややこしい問題の核心には踏み込もうとしません。また、特定のイデオロギーに固執して真に国民目線での報道を行う姿勢が欠如しています。さらに、自らの権威を失うことを恐れ、過ちを認めることを避ける傾向があります。無謬性の罠というものです。

例えば、韓国の慰安婦問題に関する「朝日新聞」の報道は、事実誤認が指摘されながらも、十分な訂正や謝罪がなされていない件は、その典型です。

客観的な報道を心掛けるなら、事実関係を検証し、誤りを正すのがマスコミとして守るべき道義のはずです。右でも左でも、です。

また、「日本経済新聞」は、新自由主義やグローバリズムを推進してきましたが、その弊害について十分な検証を行おうとする姿勢がありません。自律規範の欠如です。健全なジャーナリズムが存在するのであれば、マスコミ同士が互いの報道を検証し、自浄作用を働かせるべきですが、現状ではそれが機能していません。

このような状況の中で、国民は誰に検証を求めればよいのでしょうか。原理原則を言えば、野党の国会議員の仕事であるはずです。でも、彼らは、やっていません。この問いに対する私の答えは「私たち一人ひとりの国民が取れる行動を取るべきなのではないか」であります。国会議員が、マスコミがやらなくても私たちが民主主義国家の主権者である限り、それは、義務と言っていいかもしれません。

コロナ禍対策に限らず、国家のマネジメントにおける様々な問題点について、「愚かだなぁ」、「無駄なこと」と言われたとしても、現状を受忍するのではなく、能動的に議論に加わり、行動すべきです。選挙にも行くべきです。悪政には、レジスタンスするべきです。

私自身も、コロナ禍対策に関する問題点を司法の場で争っています。たとえ現在の司法システムに限界があったとしても、諦めずに取り組んでいく姿勢が必要だと考えています。

政治家や官僚が劣化していても、マスコミや司法が機能していなくても諦めるべきではありません。既存のシステムが十分に機能していないからこそ、私たちが能動的にマネジメントにかかわろうという意思を持つべきです。いわゆる物言う株主にならなければダメなのです。

現状を嘆くだけでなく、他者を責めるのみでなく、私たちが主権者としての矜持を持つことが、今の日本に必要なのではないでしょうか。長いものに巻かれていては絞め殺される時代です。

閣議決定だけで使途変更できる予備費、補正予算というテクニック

すでに述べましたが、新型コロナウイルス感染症対策として計上された予備費は、当初の目的とは異なる使途に流用されています。

2022年度には、コロナ対策を想定して1兆5000億円の予備費が計上されましたが、その多くが物価高対策などに充てられたようです。

さらに問題なのは、防衛費増額に向けた防衛財源確保法が2023年6月に成立したことです。この法律により、決算剰余金や外国為替会計の剰余金を防衛費に活用することが可能になりました。不足分は増税や予算措置で賄うとされていますが、本来返還されるべき予備費までもが、巧妙にやりくりされている可能性があります。2020年度から多額の補正予算が組まれるようになりました。この補正を組むやり方は、2023年度まで4年間も続いています。○○緊急対策のような、お題目で多額な補正予算が組まれて、十分な国会審議がなされないで成立する。この中に予備費があれば、閣議決定で自由に支出できる。

どう考えても、何かおかしいと思いませんか。議院内閣制の要諦を有名無実にする、ずるいやり方で、国民に対する背信ではないでしょうか。

参考に2020年度から多額の補正予算が編成され、一旦、基金に貯め込まれていることを示すグラフを載せておきます。

私たち国民が関与することができないのをいいことに、政府は自らの都合に合わせて予算を編成執行しているのです。特に問題なのは、編成で言えば補正予算で、執行で言えば予備費です。

本来、予備費とは、予期せぬ事態に備えて計上されるものであり、多額であってはいけません。事前に使途を特定すべきではありません。補正予算も多額なものを安易に組むべきでないと思います。民間企業に例えると経営計画通りに投資や営業施策を行わずに場当たり的に計画を変更し、無駄

■図表　コロナ禍での基金の乱立

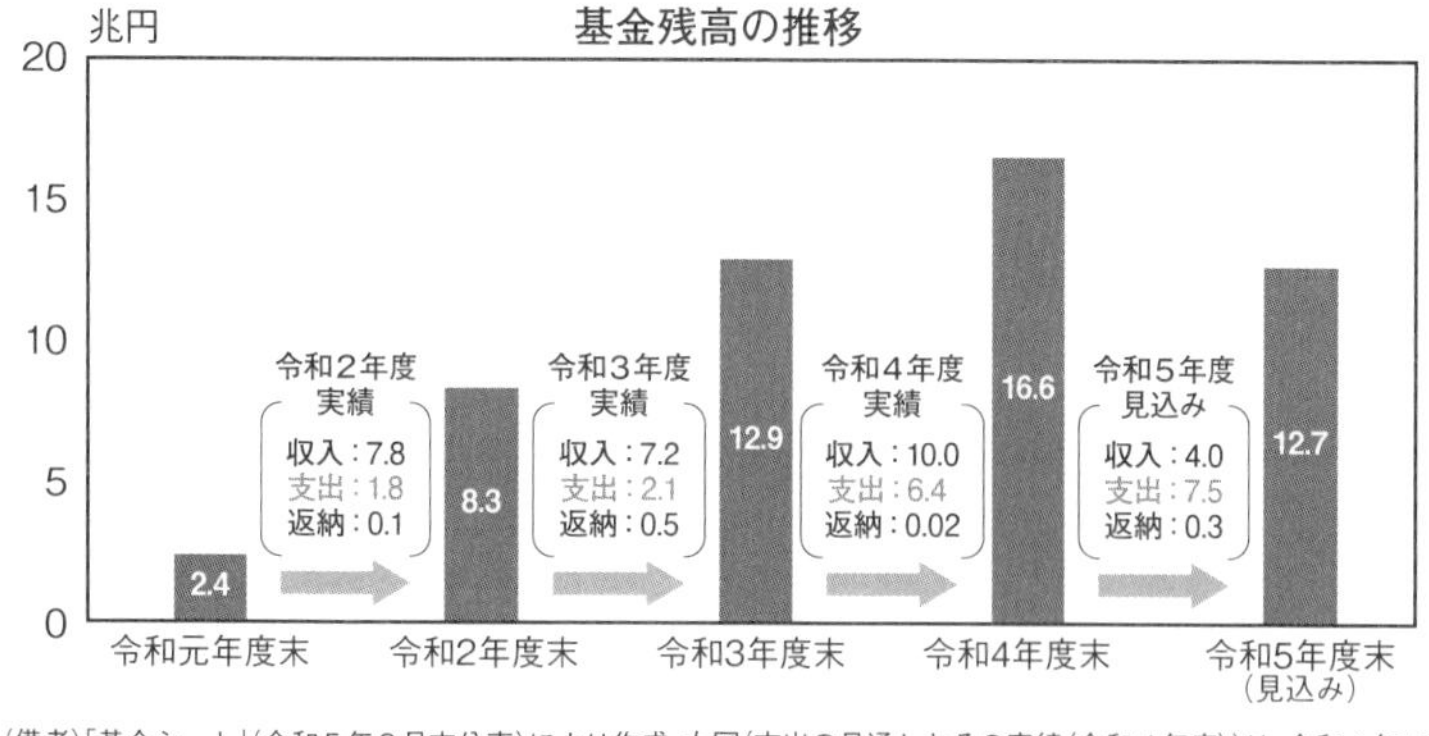

（備考）「基金シート」（令和5年9月末公表）により作成。右図（支出の見通しとその実績〈令和4年度〉）は、令和4年10月以降に新規で設置された基金等は含まない（なお、ワクチン生産体制等緊急整備事業は支出実績が約6.4兆円〈令和4年度〉あるが、支出見通しが未記入〈算出が困難〉であったため、実績値から除いている）

出典：内閣府「経済・財政一体改革参考資料」経済財政諮問会議
令和5年第13回会合配付資料（2023年10月10日）

な支出を行い、赤字決算となった株式会社が、株主総会で株主の追及を受けず経営陣がそのまま続投する、ような話です。

最近の国の予算では、本予算に比し、大き過ぎる補正予算が計上されました。しかも予備費という曖昧な項目で多額の予算が計上され、閣議決定だけで自由に使われている。本来、最も大切な検証について現状を言えば、決算委員会で野党が追及することなく、また決算に関する報道はまったくなされません。

郵政民営化とは何だったのか

郵政民営化で外資に明け渡された日本の富

日本は敗戦後、マッカーサーから憲法を与えられて軍隊を持てないようにされました。しかしその後の朝鮮戦争でアメリカに都合の良い軍隊だか何だかよくわからないものを持たされました。そして憲法第９条の解釈の議論が始まりました。さらには国際情勢が大きく変わり、集団的自衛権の問題が起こり、最近、憲法改正の話が主題となっています。

日本弱体化政策の象徴的なものの一つがアメリカのつくった日教組（日本教職員組合）です。非武装中立という理想論的平和主義の思想教育も日本の主権国家としての真の独立を阻む去勢政策でありました。

敗戦時、大国とならないように、国として成立するための枢機となる要件を去勢された日本ですが、経済においてはアメリカが再び日本を脅威に感じるほど経済大国への躍進を果たしました。アメリカは、こんなはずではなかった、と思ったことでしょう。

そこでアメリカは徹底的に日本の強みを分析し、再び日本を潰しにかかります。特に1979年に「ジャパン・アズ・ナンバーワン」と呼ばれるほどアメリカ経済に肉薄した時は、このまま行くとアメリカを抜き去り、本当に№1になりそうな勢いでした。トヨタ、ニッサンがビッグ3を凌駕し、三菱地所がロックフェラーセンターを買い取った時のアメリカは大変な屈辱を感じたことでしょう。当然アメリカ帝国は経済的にも大国とならないように本腰で日本にとどめを刺そうとします。

このアメリカの「日本潰し」について、スポットを当てる人がいません。日本人は能天気なのです。この時のアメリカが日本に対して、どう感じたか日本側でそれをわかっていた指導的立場にある人はいなかったのでしょう。ネット上では部分的に語られていることがありますが、全容を暴こうとする人はいません。

私は、そのアメリカの日本最終弱体化戦略について全貌を検証、研究し体系的に纏《まと》めて、それを国民に知らしむべく発表した学者・政治家・経済人もしくはその類いの組織が日本に存在しないことが問題だと思います。

だから失われた30年なのです。

私は小泉純一郎元首相の郵政民営化は売国政策に等しいものと思っています。この郵政民営化で本当に日本が良くなったのでしょうか。やってしまったことだからと済ましてしまっていいのでしょうか。

彼は郵政民営化により日本人が戦後懸命に働いて貯蓄してきた膨大なお金を外資に明け渡す機会をつくりました。明治から1世紀以上かかって築き上げてきた郵便のシステムを破壊しました。しかしながら、当時の日本国民は「小泉純一郎」に熱狂しました、古い日本をぶっ壊してくれると。今でも良いイメージのほうが強いのです。

本来、郵便貯金の膨大なお金は、特別会計の原資となり道路などの国土整備や産業育成、中小企業政策の財源の一つだったのです。

小泉氏は他にも規制緩和や構造改革の美名の下に、日本経済の強みを破壊しました。確かに特別会計絡みで利権構造が出来上がり、無駄な金遣いが目に余るところもありましたが、それは制度が悪いのではなく、無駄な使い方をした政治家や官僚が悪いのですし、究極それを許した国民も悪いのです。

自省しない日本人

いずれにしても盲目的なアンシャン・レジーム打破を装う構造改革主義・規制緩和主義の流れは現在にまで続いています。

なぜ、日本経済を衰退させる施策がこんなに長い間続けられているのでしょうか。実に不思議です。

それは、日本人が過去を顧みることをしないため、検証をしないためではないでしょうか。

例えば東京裁判がけしからん、という人たちは、あのような勝算の立たない戦争に関して、誰がどのように関与して、あの愚かな国家としての意思決定がなされたのかについて、客観的かつ冷徹に考証・分析・考察、すなわち検証を戦後の日本人が行う必要があると思わないのでしょうか。

少なくとも昭和天皇が主権者として、意思決定したわけではありません。天皇の大権とか天皇の統帥権とかの建前の裏で、責任を取れないくせに、こそこそ動いて日本国民を不幸のどん底に陥れた天皇の「司」を自任していた人たちがいたのです。

彼らは結局、その責任を問われていません。

現在、同じようなことが起こっていると私は思います。主権在民の建前のもと、責任を取る気がない国民の司が、国民の意を汲まず、国益に意を用いず、この国を運営している。その結末は第2の敗戦、第3の敗戦です。

もともと戦勝国が自分たちを正義として敗戦国を裁くことに、真の正義など無いことは、歴史を見れば自明の理です。所詮、勝てば官軍、負ければ賊軍なのです。勝ったほうが敗れたほうを自分の都合のいいように処分するのは当然です。特に西洋人は狩猟の民族で、その歴史は、略奪・収奪の歴史でもあります。戦後処理について、日本的な道義に基づき、自己主張しても、ほとんど意味がありません。国民国家間の戦争・民族間の戦争・宗教間の戦争、基本、戦争には日本的な道義論は通じません。東京裁判批判は、日本人が世間（世界）知らずの甘チャンであることの左証だと私は思います。

私たちがやらないといけないことは、日本人を不幸にした日本の為政者（政治家と官僚で、戦前は天皇の司を自任する人々、戦後は国民の司の人々ですが）の誰がどのように過ちを犯したかを検証することです。

私たち経営者は結果責任を取ることが当然である世界で判断し、行動し、そしてまた判断し、また行動しています。世界全体なのか、日本だけなのかはさておいて、政治家も官僚も結果責任を取らされることはありません。

最近は、大会社のサラリーマン社長もそのような傾向があります。民営化した元国営企業の社長もそうですし、公社とか準政府機関などのトップもそうです。

私のような地方のオーナー企業の経営者からすれば、この失われた30年間の経済政策について、しっかりと検証を行っていただき、それに関係した政治家、官僚は当然のこと、それに関与した学者、専門家、民間人を特定し、公表し、そして反省文でも書いてもらいたいです。

東ドイツ出身のアンゲラ・ドロテア・メルケル元ドイツ首相が来日した時、日本人に対して戦後の反省が足りないかのようなことを言いましたが、ふざけるなと言いたい。ドイツ国民はユダヤ人虐殺など日本人以上に極悪なことをしているのに、すべてナチスのせいにして自分たちは善良な国民だと主張しています。

しかしながら、このような彼女の態度に対して批判した日本人はいませんでした。朝日新聞に至っては彼女を立派だと持ち上げる始末です。

大義と正義

現在ウクライナ紛争でゼレンスキー大統領が戦前の日本のようにウクライナの国民に総動員を強いています。

もしこの国に天皇陛下がおられれば、より早く戦争を終わらせることができるでしょう。昭和天皇がいなければ、日本は本土決戦に至っていたかもしれません。そうなっていれば今のウクライナどころの比ではありませんでした。

ゼレンスキー大統領は西側の正義のために多くの自国民を犠牲にしています。しかし、正義が価値判断の基準でない日本であれば、多くの人が殺されないほうを選ぶはずです。国民の生命と財産を守るほうが日本では大義となると私は思うからです。日本人の判断基準は大義です。この大義が判断基準であることが日本人の一つの良さだと私は考えています。

一神教を崇める人たちの正義は一つです。そもそもjusticeを正義と訳していることが理解を困難にします。一神教信仰者の「justice」は一つです。日本人にとって義とは人それぞれであり、正しい義はないのです。よって、多くの人に支持されている義、もしくはより次元の高い義が大義として「majority」から支持され判断基準になるのです。ちなみに大義の英訳は「a just cause」、「great cause」と辞書に載っています。

人の命は地球より重い、という発言を、共感を持って受け入れる人が多数を占める日本人には、一神教のイスラム教徒とキリスト教徒もしくはユダヤ教徒が互いの正義のために殺し合う現実が存在する国際社会でどう上手に立ち振る舞うべきかを判断するのは、なかなか難しいことです。日本人の良さが、弱肉強食を本質とする国際社会においては弱点となる、との私の自説の説得力のある解説になると思いませんか。

日本人はもっと冷徹に歴史や過去を検証する必要があります。自分たちの子どもや孫のためにです。しかし日本人は忘れっぽくかつ寛容です。

郵便貯金と日本版401kの問題点に見る外資への資金流出

私の知人に財務省OBがいます。彼は早くから国家財政を複式簿記で捉えるべきだと提唱していました。彼に言わせると、財務省は財政を単式簿記でタコツボのように会計をたくさんに分けてしまうことで、見かけの出入りがアンバランスであるかのように見せていると言っていました。

単式簿記的な観点では、資産と負債がどうバランスしているのかがわかりません。資産マイナス負債の額、これを資本と呼べば、資本の状態がわからなければ経営の健全性も判定できないのです。お小遣い帳で会社経営ができないように、単式簿記では国家経営はできません。

私は国家財政を経営者として、合理的に理解していた政治家は田中角栄元首相だと思います。彼は建設会社の経営者でしたから、物事を複式簿記で捉えていました。つまり国家のバランスシートが健全であることに意を用いて、国家経営を行っていました。企業経営では当然のことです。バランスシートが健全であり、P／L上で利払い的なものをちゃんと支払うだけのキャッシュフローがあれば、攻めの経営ができるのです。

そもそも日本の資産がどれくらいあるのかをきちんと把握した上で国の借金問題を議論

している人はどれくらいいるのでしょうか。一説には１３００兆円ほどだと言われていますが……。

ところで日本弱体化のために欧米の新自由主義者から仕掛けられた企みを御紹介します。

まず「清算価値」です。土地や建物の評価額については、そもそも日本には正常価値しかありませんでした。正常価値とは、現実の経済状況において合理的だと考えられる市場価値を示す適正価格です。ですから固定資産税評価額や路線価は正常価値です。

それがアメリカから清算価値を押し付けられました。それ以降、日本は一物二価になりました。

例えばガソリンスタンドが潰れたとき、収益還元法でキャッシュフローが十分に出ていないとします。すると清算価値で評価されます。つまり、土地を更地にするための解体費用も考慮して、銀行はその土地をとても安く評価します。

ところが、相続税や固定資産税などの税金を取る際には正常価値が使われます。この一物二価の陰謀でバブル崩壊後、多くの会社がデューデリジェンスという手法で、債務超過と認定され倒産に追い込まれました。そして清算価値で資産を取り上げられました。取り上げた銀行やファンドは、それを正常価値で売って大儲けしました。詳細は省きますが、この時、合わせ技で導入された私的整理で銀行やファンドは帳簿上の損金を節税に利用し、ダブルで大儲けしました。

次は、売国的な政策と言える「郵政民営化」です。郵便貯金も外国に掠《かす》め取られてしまいました。戦後、何十年もかかって貯めた日本人の貯金を外国勢が自由に株式投資に利用して大儲けしているのではありませんか。郵便貯金というシステムはアメリカにはありません。貯蓄性向が高かった日本人だからこれだけのお金が貯まったのです。

ファンドの稼ぎ方は、他人の褌で相撲を取るようなものです。少額なエクイティ部分に自分のお金を投資し、高利回りを唱って、他人のお金を集めて巨大な額のファンドをつくる。デット（debt）に投資した人には、そこそこの利払いをすればいいのでエクイティを出資した人は大儲けとなります。こんな手法で郵便貯金のお金を使い派手に稼いでいると考えてください。

日本版４０１ｋと呼ばれた確定拠出年金も同様です。

日本では従来、退職金は企業内引当金として税務上損金処理ができて、資金を外部に流出させずに投資等に充てることができました。財務上有利に働く、よく考えられた税制でありました。日本固有の終身雇用制度と退職金制度と従業員持株制度との合わせ技で、日本人の会社への帰属意識を強くするなど、日本の企業の強みの根源的なものと考えてください。

ところがアメリカから401kを押し付けられて、日本の企業が貯め込んでいた従業員のための資金が全部外部に流出して、それを取り込んで巨額な資金を運用した外資がマネーゲームに使って儲けたわけです。それ以上に日本の企業の固有の強さがなくなってしまいました。

最後はアベノミクスの第3の矢です。亡くなった安倍晋三元首相が掲げたアベノミクスにしても、してやられた感があります。

アベノミクスでは大胆な金融政策と機動的な財政出動、そして民間投資を喚起する成長戦略という「3本の矢」を打ち出しました。

金融政策と財政出動までは正解だったのでしょう。ところが第3の矢について成長戦略という言葉の曖昧さに付け入ったかのように、竹中平蔵氏やデービッド・アトキンソン氏に代表される新自由主義的経済派やグローバリストの言いなりになり、日本の競争優位性を殺す経済政策を日本政府が率先して行いました。しかも消費税を増税した上に、消費税以外の諸税や社会保険の負担を重くするなどして、ほとんどの日本企業が儲けられないようにしてしまったのです。

結果、日本の企業は弱体化しました。それは日本の産業を逆に脆弱にしてしまうことであったため、日本の実体経済は良くなりませんでした。つまり第3の矢で、日本の企業は儲けられず、結果強くなれず、大きくなれず、成長できませんでしたということです。当然、儲けられない企業は従業員の給与も上げられず、日本人は貧しくなっていきました。

間違った第3の矢の具体例を三つほどここで示します。2018年に23・2%まで法人税は引き下げられましたが、この時のうたい文句が欧米先進国並みに法人税を下げて、日本企業の競争力を上げるということでした。これは、会社の経営に携わって税について理解している人にとっては欺瞞《ぎまん》です。単純に外国人投資家への配当額が増えるだけです。この間に、消費税は2019年に8%→10%に増税されました。税引前利益に課税される法人税をいくら減らしても会社の経営にメリットはありませんが、消費税は利益が出なくても払わなくてはいけない税ですので会社経営を圧迫します。大きな利益が出せる中小企業は少ないですから、消費税の増税は中小企業潰し策と言っても過言ではありません（消費税は第二法人税といわれています。実質的には売上にかかる法人税で、消費者が負担する税ではありません）。

税制は重要な経済政策であり、法人税を下げ、消費税を上げるなんて、外国人投資家を喜ばせて、日本の企業、特に中小企業の経営を圧迫する愚かな経済政策でしかありません。日本の競争力を強くするために、東京を強くすることが優先されました。東京の容積率が大きく緩和され、首都圏に戦略特区が設けられ、東京に集中して投資がなされました。

地方と中央の格差が大きく広がりました。もともとトリクルダウンは虚構だったのです。中国の鄧小平の先富論も実現していません。地方創生も中央との格差の拡大をごまかすための目くらましだった、と結果が物語っています。

民営化も本当に日本経済を強くしたでしょうか。郵政３社を含めてＪＲ各社、日本政策投資銀行、商工中金、ＮＴＴ、ＮＴＴドコモ、道路公団等々、すべて外国人投資家など金融資本が大きな利益を上げげただけだったのではないでしょうか。以上が的外れな第３の矢の実態でした。

もともと日本の独特な社会構造を破壊し、何でもかんでも規制を取っ払って自由にすればアントレプレナーが現れてイノベーションを起こして経済を活性化させるなんて理屈を信じることがおかしい。そのような経済学説を実際の国の経済政策に持ち込もうとする人間に、私は、いかがわしさを感じているのです。

前岸田政権の目玉政策のスタートアップなどが象徴的です。国が「スタートアップ」という外来語を使って騒げば、革新的なビジネスモデルを創造する企業や企業家がたくさん出てくるなんて考えは幼稚過ぎます。

小泉改革以降の日本の経済政策を真剣に検証して、その間違いを修正しない限り日本は衰退していきます。

第3の矢に、昔のようにエネルギー産業・素材産業育成、自動車産業育成、造船業育成、半導体産業育成、コンピューターやシステムにおける人材育成、陸海運業における国際競争力の強化などなど産業政策がないのです。簡単に言えば、明治維新以後の殖産興業や城山三郎の『官僚たちの夏』は、今の日本ではオワコン扱いです。昔の官僚たちは、今の官僚が数千億円の税金を台湾企業のTSMCに投入するのを見てどう思うでしょう。

国家のマネジメントに政策の合理性と検証が必要

国家のマネジメントにおいて、資産の売却や民営化は重要な論点の一つです。JRや郵政、NTT、商工中金など、様々な公的機関の株式が売却されてきました。しかし、その目的や結果についての検証は十分に行われていないのが現状です。

民営化という名目の下で行われる政府が所有している国営企業の株式の売却は、時にアメリカからの圧力や財務省の利益追求といった、本来の目的とは異なる動機に基づいているケースもあります。そして、その結果として地方が切り捨てられるなど、日本全体では負の影響が生じているにもかかわらず、それを検証する仕組みが機能していません。

本来、国家のマネジメントは、政策の合理性が問われ結果に対する検証が伴うべきものです。政治家が検証を行うべき主体となり、賛成・反対、異なる自説を持つ専門家たちの知見を活用しながら、客観的に結果を分析し、今後のことを意識して現状の問題点について考察する必要があります。

会社経営においては、決算が最も重要視されます。経営者の責任を問い、評価するための根拠となるからです。

一方、国家運営においては、決算委員会がほとんど機能しておらず、政治家の評価も選挙という不完全な仕組みに委ねられています。最近では、支持率という曖昧な指標が重視される傾向もあり、本質的な評価からは遠ざかっているように見えます。

マネジメントの意識が強くなれば、財政の在り方も変わってくるはずです。ウクライナ支援に多額の資金が投入されていますが、その国家戦略的意義や国益への貢献については十分な説明がなされていません。日本政府がウクライナの世界銀行からの借入金を保証しているという事実も、あまり知られていません。倒産会社の借入に連帯保証を出す社長は株主に説明責任があるのが当然です。

また、コロナ禍対策として国民1人当たり10万円の給付金が支給されましたが、ただ国民に対する人気取りでお金をばらまいただけではなかったのですか、と問いたい。ポピュリズムの極みです。多くの国民が被害を受けていないにもかかわらず、給付金を受け取ったことで、批判的な声を上げにくい状況が生まれました。マイノリティですが、本当に被害を被った観光業を営む人間の本音です。

国家のマネジメント、特に国家の財務と投資についてのマネジメントの在り方を改善することが、日本の将来にとって不可欠な課題と私は思います。

小泉政権が強引に推し進めた郵政民営化が自民党の力関係を変えた

小泉純一郎元首相は、日本の政治と経済に大きな影響を与えた政治家の一人といえるでしょう。郵政民営化は、参議院で否決されたにもかかわらず、衆議院を解散し、小泉チルドレンと呼ばれる刺客を立てることで、強引に実現されました。この出来事以降、自民党内で力のある政治家は出てこなくなってしまったのです。

小泉政権の後に誕生した民主党政権には期待が寄せられました。当時、新自由主義的な政策が行き過ぎ、弱肉強食の社会になってしまったと感じていた人々にとって、民主党に行き過ぎの新自由主義的政策の軌道修正が期待されました。

しかし、民主党政権はさらにひどい状況を生み出してしまいました。財務省のコントロール下に置かれ、労働組合系の政治家や新自由主義者が入り交じる不安定な政権だったのです。

民主党の大物政治家だった鳩山由紀夫元首相と小沢一郎元幹事長は、財務省やアメリカの言いなりにはならないようにしようとしていたと見えました。しかし、そのタイプの政治家はマスコミ受けが悪く、庶民受けも悪く、民主党での主導権が取れませんでした。結果、それがかえって政権の命取りになってしまったのです。

一般的な日本人は目新しいものを好むという傾向があります。私は変えるべきもの、変えてはいけないものについて然るべき哲学を持つことが大切だと思います。

こうして、日本経済は転落の一途をたどることになります。小泉内閣の経済財政諮問会議から始まり、そして民主党政権下でも引き続き行われた財務省的な緊縮財政政策と新自由主義的な規制緩和等の二つの政策は相反するもの、矛盾しているものに見えますが、実はこの二つの政策は「小さな政府」という点で共通しています。

小さな政府という二つの宗派のドグマを前提とする哲学的ではなく戦略性も欠く経済政策と狂信的金融引締政策で日本経済はどんどん疲弊していきました。

そこで登場したのが、安倍晋三元首相です。彼は、国も経済主体として財政出動すべきだと主張し、民間企業が投資しやすい環境を整備しようとしました。金融緩和方針に変わった日本銀行も含めて、リフレ派が日本の経済政策の主導権を取ってインフレターゲットを定めた金融政策に代わり一応の環境は整ったのです。

しかし、問題はその具体的なお金の使い方でした。日本的な従来の手法で丁寧に産業を育てていくのではなく、ただただお金をばらまくだけ、しかも資金を受け取る企業や業界は特定なものに偏っていました。最初から決まっていたようなものが散見されました。

表向きの制度としては公正なプロセスが用意されているように見えても、実際には法律や制度ができる前から、それに関与する企業は決まっているケースが多いのです。政府のホームページでやっと探し当ててもすでに大口助成先は決定済みです。

ＰＣＲ検査キットの調達もそうした事例の一つです。国産にこだわったために配布が遅れたといわれていますが、その裏では特定の企業への利益誘導が行われていたのではないかとの疑惑があります。持続化給付金の時の電通に関わる大事件は全国的に報道がなされ世間を騒がせましたので、皆が知っています。

私は古い考え方を捨てきれない人間です。いつの時代でも富国の基本は殖産興業であると思います。初心に戻って（いつを初心とするかは議論が分かれるでしょうが）国家戦略をしっかりと立てるべきと思います。

第2章

考える習慣を取り戻す

多様な視点と思考力の必要性

日本人と英語圏の考え方のギャップで気付く複眼的思考の重要性

日本はかつて、外国語を取り入れる際に漢字に変換することで一旦自分たちなりの解釈を加えて自国の文化に取り入れていました。

例えば「ピッチャーが松井選手を敬遠しています」というときの「敬遠」です。これは論語の「鬼神を敬して之を遠ざく（敬鬼神而遠之）」という言葉から借用した用語です。本来は「鬼神（祖霊や神）を、敬いこそするが、現実の生活では（自助を第一義として）力頼みしない」との意味ですが、「嫌って遠ざける」という意味に使われています。つまり、勝負を避ける意味があります。

一方、英語では「intentional walk（意図的に歩かせる）」が使われます。戦術的意図を持って出塁させるというニュアンスがあります。

これが日米の感覚の違いですね。

私はアメリカで約3年半過ごした時から、今でも何か知らない、もしくは新しい概念を表すことを考える際には、英語文化圏ではどのように表現するのか、つまり考えているのかを確認する習慣があります。

すると、日本人と英語圏の人たちの考え方のギャップを確認できます。同時に、日本人の考え方を客観的に捉え直すことができます。複眼的に考えられるのです。

アメリカにいたときに、あるユダヤ系アメリカ人と仲良くなりました。彼の奥さんはWASP（ホワイト・アングロサクソン・プロテスタント）で、夫婦ともにハーバード大卒です。今風に言えば、アメリカンエリートです。彼らと日本人の違いに気付かされるたびに、日本人の特性を第三者的に捉えられるようになりました。

例えば日本人には「本音と建前」という言葉がありますが、英語にはありません。ちなみに本音の直訳は what one is really thinking、建前は a facade もしくは the theory ですが、語感は別物です。antinomy（二律背反）か double standard（二重基準）が近いですが、それを訳すと建前と建前、となると考えられます。「恩」という概念も英語にはありません。似た表現としては「I owe you.」で、「あなたに借りがある」となります。恩とは大きく異なります。

このように日本人の感性の特異性を客観的に見られるようになると、例えば普通の善良な日本人であってもウクライナのゼレンスキー大統領のことを「民主主義を守るために戦っているのだ！」なんて思うとは限らないのです。私は、日本人は洗脳されやすい、認知操作しやすい国民だなぁとかねがね思っています。

日本人に求められる民主主義のための高度な議論能力

よく、私の言うことや書くことは難しいと言われます。本書も「わかりづらいな」と思う方が、結構、おられると思います。

真の民主主義を具現するためには、すべての参政権者がある程度の難度の議論をできなければならないという自説を前提に本書を執筆していることをご理解ください。

私の娘と甥と姪が通っていたICUの鈴木典比古学長（当時）は学生の教育に関し、特にリベラルアーツ（liberal arts）に力を入れておられました。日本ではリベラルアーツを教養学と訳しますが、本質を捉えた訳ではありません。鈴木先生から伺った話では、リベラルアーツとは、英語で「Art of Liberty」であり、自由の技術（要領）という意味です。共和制ローマにおける直接民主制から出てきた概念で、民主制の主権者が必ず身に付けておかなければならない学識・教養のことをいうのだそうです。

しかし今の日本人はどうでしょうか。民主主義政治における権利ばかりを主張して、果たすべき義務については口にしていないのではないでしょうか。

例えば選挙に行かないことは権利を放棄しているのではなく、義務を全うしていないのです。

ただ、選挙に行かない人たちの考えはわかります。小選挙区では選択肢が無い、支持できる候補者がいない。だから、選挙に行かない。同感です。

小選挙区制をやめて中選挙区制に戻すべきだという意見もわかります。私も中選挙区制派です。

しかも小選挙区制になり地方の議員はどんどん減らされ、東京などの大都市部議員は増えました。これでは日本全体をバランス良くマネジメントするという観点からすれば、あるべき国政になりません。東京ファースト・大阪ファーストが国政において優先されます。地方に住む私には許容できません。

さらに小選挙区制とセットで導入されたコンセプトが二大政党制でした。もはやその面影もありませんが。

その観点で言えば、国民を失望させたのは民主党（当時）です。民主党なら国会議員になれるだろうと思って議員になった若手官僚や、要領よく司法試験に合格しただけで世間知らずの弁護士議員。

民主党を政権与党にして、日本が良くなることを期待したのが間違いでした。要するに自民党で国会議員になれないから民主党に入った政治家志望の人の多くが政治というものを知らなかったと言えます。

そのような議員さんには政治家としての政治哲学も矜持もありませんから、民主党のマニフェストは観念論的な綺麗事でした。結局、その実現を疎かにして小沢一郎氏を引きずり落とすという党内権力争いに終始しました。同氏は古い政治家ですので、やり方が権力的、守旧派とイメージは悪いのですが、消費税増税には反対していました。政治は結果です。あの時に消費税を上げるべきではなかったと思います。

一方の自民党では少しさかのぼりますが小泉純一郎という独裁者を出しています。郵政民営化は衆議院でギリギリ通過しています。ところが良識の府である参議院では否決されました。それで衆議院を解散したのは二院制の原則に鑑みてあり得ません。

しかもこの後、小泉氏は郵政民営化に反対した議員に対して党議拘束を破ったとして公認を与えなかったのです。ところで党議拘束に反した議員に対して公認を与えないというのは正当なルールと考えられていますが、私的には憲法違反として訴えてやろうかと思うぐらいです。日本の国会は二院制であることに然るべき根拠があるのです。また、政党助成金が税金から出されているのですから党議拘束はおかしいのです。

公認を得られなかった議員たちは、無所属で上がってこようとしましたが、小泉氏は刺客を差し向けて落選させます。この時の小泉氏は独裁者だったのです。

このようにして小泉氏は、それまで受け入れられていた議会制民主主義の原則を破壊しました。そして、自民党という政党も壊してしまいました。

その小泉氏がＹＫＫ（山崎拓、加藤紘一、小泉純一郎の各氏の頭文字）で小選挙区制に反対していたというのは皮肉なものです。

科挙と大学受験の共通点は知識偏重主義と前例主義

私は、東洋（ここでは日本、中国、韓国を指します）には西洋のような民主主義の概念自体存在していなかったと考えています。以下、自説を披露します。

「易姓革命」という概念（思想）が中国にはあります。

天子（皇帝）は天命によってその地位を与えられて、天下を治めるが、もし天命に背くならば、天はその地位を奪い、他姓の有徳者を天子とするという思想を前提に天子（朝廷）が交替することを易姓革命と呼んでいます。

この思想の要点は、天命に背くとは、天が天子に求めるものは仁政、つまり民のための為政であり、逆に天子が苛政を施し、民を苦しめるようなことをしていたら、天の命によって交替させられるということです。

実際は一つの王朝が亡び、新たに皇帝を称する者が新王朝を樹立することに対して、新王朝の正統性を獲得するための思想であります。天命が仁政である点において西洋の国権神授説とは異なるのです。

民主主義といっても何種類かあります。ギリシャの民主制、ローマの共和制、共に民主主義と言えます。このローマの共和制は現在の「リパブリック」の語源らしいです。ちなみに中華民国（台湾）は「Republic of China」です。東洋で民主主義思想を最初に唱え実行したのが孫文です。孫文は三民主義の理念の下に辛亥革命を実現し中華民国を樹立しました。

今の民主主義のプロトタイプはイギリスです。名誉革命により王様から貴族とブルジョワジーが統治権を奪取しました。この時の原点にあるのが人は生まれながらに自然権を持っているという啓蒙主義です。それ以降、民主主義の底流にはこの啓蒙思想がありま す。その後、フランス革命、アメリカ独立と段階を経て、今の民主主義の概念になったのです。

東洋では、前述のように、民には自然権がありません。もともと天命でも被統治の対象であります。だから民が主権者であるという思想がごく最近まで中国、日本、韓国にはなかったのです。少し補足しますと、マルキシズムでは、この啓蒙思想自体も否定しています。だから共産党一党独裁ということになります。マルクスの言うプロレタリア革命の中国訳や和訳に易姓革命の「革命」を使ったのは、それ以降プロレタリア革命とその他の革命の区別について理解をややこしくしています。

したがって東洋においては、「皇帝統治権天授説」（私の造語です）が当然のことで、民が自然権を有していないのですから、王の統治権が否定されず、民が主権者という前提の政体が自然発生することはなかったのです。

このことに追加して言及すべきことは、官僚（官吏）についてです。西洋のビューロクラートを官僚と訳しました。

東洋では役人（官吏）のうち一定の高位の者を官僚と呼びます。現在では民主主義が一般的になっているので、東洋、西洋、官僚については同じ性質を有していますが、歴史的視点においては大きく異なります。西洋では、王様の家来です。江戸時代の大名に仕えている武士に近い。

東洋では、律令制という政治システムの官吏の上級職（要職者）という意味合いが強いです。ちなみにマルキシズムでは、この役目を担っている人たちをテクノクラートと呼んでいます。東洋での官僚はビューロクラートよりテクノクラートに近い存在だと私は思います。

東洋における官僚は仕える対象が皇帝から民に変わっても、その選抜が従来通りの「科挙」で行われていると考えるべきです。科挙とは律令制で行われた高等官資格試験制度と『大辞林』に載っています。平たく言えば、教養・文才・歴史等の知識をチェックするペーパーテストです。よって、科挙で選ばれる官僚は知識偏重主義に陥りやすい。私が今でも科挙で行われていると言ったのは、そういうことです。

今の韓国は徹底的な偏差値教育と熾烈《しれつ》な受験競争で社会が歪んでしまっています。中国も日本も五十歩百歩です。

科挙制度と現代の大学受験（ペーパーテスト）は、既存知識の量を競わせているので、前例主義的な人間を育成している点が共通しています。

ですから、これらの試験で選ばれた官僚たちは、正解がある問題には答えることができますが、正解がない問題には答える術を知りません。

ソリューション

ところが現実の世の中では正解のない問題ばかりに直面します。つまり、ソリューションが重要なキーワードです。ソリューションがないときは決着をつけないといけない。英語で言えば「settlement」です。ソリューションと正解は異なります。決着はもっと異なります。

例えばパンデミックが起きると日本人は正解を求めます。官僚はそれに応えようとします。正解など無いにもかかわらずです。そこで専門家と呼ばれる学者たちが、再生産数がどうのこうのと意見を述べます。再生産数とはあるウイルスに感染した1人が何人に感染させるかを示す理論値です。そしてコンピューターを動かして、人流を8割抑制しないといけないと主張します。

すると官僚や多くの日本人が、これを正解だと思いたがるのです。

しかし正解などあるはずがありません。ここで必要なのはソリューションです。最悪のケースは「settlement」です。机上の空論はソリューションになり得ません。

ところが官僚には自分たちが判断を間違えることはないという無謬性がありますから、「間違えました。すみませんでした」とは口が避けても言いません。

ですから、次善の策も取りません。オプションも準備しておらず、よって発動できないのです。当然責任も取りません。

正解のない問題に直面する力を育成できない受験教育の弊害

現代日本社会における教育の問題点は、偏差値偏重の教育システムにあると言えます。受験教育では、正解のない問題を飛ばして答え合わせをするよう指導されており、世の中の複雑な問題に対処する能力を育成することができていません。正解が見いだせない状況下で、どんな形の解決策を見つけるか、それがないときはいかに折り合いをつけるかという考え方ができないのです。

過去の日本では、「日本をどう豊かにするか」といった命題が設定され、官僚たちはその命題解決に向けて知恵を絞り、汗を流しました。しかし今は何かやっている感を装うだけです。彼らは意図的にそうしているのではありません。何をすべきかを考えつかないのです。

特に日米関係においては、日本はアメリカの意向に従うことで決着をつけているだけであり、日本にとって最善の、もしくは次善の解決策を模索しているとは言い難いです。

前岸田政権の外交がバイデン政策の言いなりになることはその一例と言えるでしょう。日本の政治家・官僚・学術分野の権威の人々は自らの立場や特権を自覚し、その権限や権力を世のため・人のために振るわないといけないという矜持が足りないのではないでしょうか。西洋流ではノーブル・オブリゲーションがない、日本流では道義や徳についての意識が低いのです。

主権者としての日本人全般において、道義心とか道徳心が希薄になってはいないでしょうか。主権者がそのレベルだったら、それに仕える官僚や政治家の道義心や道徳心のレベルは低くなります。

パンデミック時に感染症対策に専門家たちが適切な判断を下せなかったことは、必然的な結果だったのかもしれません。彼らも、この教育システムの中で育ってきた人材だからです。

偏差値偏重の教育を改め、正解のない問題に対処する能力を育成することが急務です。しかし見通しは悲観的です。

意外と日本人が道義心や道徳心を取り戻すためにはどうしたらよいかを考えるほうが、現実味があるかもしれません。

日本人に考える力はあるのだろうか

カタカナの氾濫で気付く概念の咀嚼《そしゃく》なき言葉の使用

この国の国家運営がうまくいっているとは思えないのには、その運営を担っている「優秀な人たち」にも問題があるからだと考えています。

この「優秀な人たち」とは、既述のように科挙的な受験戦争を勝ち抜いて偏差値の高い大学に入った人たちです。

このような人たちは本当に頭がいいのでしょうか。やはり難しい問題が載ったペーパーテストで点数が稼げる能力を持っていることは、頭がいいことを示しているのでしょう。

ここで読者に質問させていただきます。頭がいいとはどういうことでしょうか。

私は小さい時から理屈が多いといって、叱られました。結局70代になっても理屈っぽいのは直りません。ちなみに病気ではないので治らないのではないです。と言うより、直す気は毛頭ありません。ここから私独特の屁理屈にお付き合いください。

「頭が古い」、「頭が固い」、「頭が切れる」、「頭が悪い」等々「頭がいい」に近い頭を使った日本語の用語は結構あります。しかし、この「頭がいい」とその反対語の「頭が悪い」の二つの意味が日本人の間で厳格に共有されているとは思えません。たまに「地頭がいい」という表現が使われます。「頭がいい人」と「地頭がいい人」とは、どう違うのでしょうか。

私は言語学者ではありませんが、優秀という言葉の語源は科挙からできたのではないかと考えます。つまり、科挙試験（ペーパーテスト）の点が高くて優れて秀でていることを優秀と言ったのではないかと思うのです。

話をさらに拡散させますと、私は「頭のいい」人もしくは「地頭のいい」人は頭の使い方の上手な人のことではないかと考えます。優秀な人たち、科挙的試験の得点の高い人たちは、ペーパーテストでより早く、より多く、出された問題の正解を見いだすための頭の使い方が優れて秀でている。地頭のいい人は、全般的に頭の使い方が上手である。このように考えたほうが良さそうです。そして「頭を使う」のいちばん適切な言い換えが「考える」だと思います。

私の質問への私の回答は「頭のいい」、「地頭のいい」とは考える力があることであります。

一般的に頭がいいとか頭が悪いとか、先天的な要素が大きいとされていますが、私はそれに賛同しません。

頭を鍛えることで頭は良くなるはずです。つまり考える力を上げれば、頭は良くなるのです。

これが、屁理屈家の私の真骨頂です。この私の屁理屈をもって、日本の国家経営を論ずれば、それに直接関わっている人々も、一般の国民も考える力を上げることで日本は復活します。すでに強調して述べておりますが、日本の教育、人材育成は画一的な偏差値教育を施すことで正解のある問題が載ったペーパーテストの高得点を取ることについて考える力がある人を育成することであります。先天的に地頭がいい人の考える力をペーパーテストの点だけのための考える力に劣化させているかもしれません。北欧の国ではすでに幼児から考える力を養うことを目的とした教育を行っていると聞きます。

考えるための素養

私は考えるために必要な素養が四つあると思います。知性と理性と感性、そして悟性《ごせい》です。

現在の日本では、知識偏重の考え方が教育だけでなく、あらゆる分野で跳梁跋扈《ちょうりょうばっこ》していて、国家経営に関わる人々も一般の人々も、自分で考える力をなくしつつあるように感じます。また、ほとんどの大会社の社長が「ダイバーシティ」や「イノベーション」を口にしますが、知性のみならず理性と感性と悟性の四つをもって「ダイバーシティ」がなぜ大切か、どうすればイノベーションが起こり得るのか考えて発言しているかははなはだ疑問です。

イノベーティブな人材といえば、スティーブ・ジョブズもイーロン・マスクも、いわゆる「発達障害」だと聞いています。

しかし子どもの頃から発達障害などのある子を標準的でないと排除しているような社会では多様性は実現しません。そこからは天才や奇才、異才は出てこない。リンゴは不揃いなものです。人間もそうです。人間に規格内と規格外があると考えることは正常ではありません。

繰り返しますが、日本は官僚の採用において知識偏重主義です。大学の教授の登用も優良企業の民僚の採用試験もそうです。

結果、悟性が欠如してしまいます。禅における悟性《ごしょう》ではありません。私が言う悟性とはカントなどが言う哲学的悟性に近いもので、理性と感性の中間的なものと思ってください。

ブレーズ・パスカルが「人間は考える葦《あし》である」との名言を残していますが、今の日本人は人間をやめたのかと思うほどに「考える」ことに頓着ないです。

私は、日本人は今こそ知性・理性・感性、そして悟性を使って、賢明に考えなければならないと思います。多くの日本人が「考える」という行為について考えたことがないから、私の屁理屈も理解してもらえるか甚だ疑問です。

そこで私はまず「あなたはどうやって考えていますか？」と質問させていただきます。例えば概念（言語学的には思念というみたいですが）で考えているのでしょうか、あるいは日本語で考えているのでしょうか。もしくは「英語で」、「フランス語で」？　多くの人間が、言語で考えますが、言語でのみ考えると、思考が言語に制約されます。だから、言語だけで考えないように注意してください。アルベルト・アインシュタインはイメージで理論を考えていたといわれています。

「考える」ことを考えたことがない人は、これを契機に考え方をも考えながら、課題について考えてみてください。

漢字を経由しての他文明・文化の摂取

私は子どもの頃から屁理屈が多いとよく言われましたが、「屁理屈も理屈のうち」と言い返していました。

私の仮説ですが、昔の日本人は考える能力が非常に高かった、そして近年の日本人の考える能力は相当に下がっている、と考えています。

それは近年の人々の言葉遣いからの推論です。

東洋には漢字がありました。日本にはオリジナルの文字がなく早くから漢字を取り入れ、さらにカタカナとひらがなをつくりました。

日本には外国からたくさんの概念が入ってきましたが、日本人はこの漢字を駆使して、外国から持ち込まれた概念に独自の解釈を与えてきたのです。

それはまるで日本人が外国の料理を「洋食」という和食にアレンジしてしまったことに似ています。日本の洋食は、フレンチやイタリアンといったヨーロッパの料理ではありません。日本独自の和食です。

このように外国から新しい概念や思想や宗教が入ってくると、日本人はそれらを漢字で表すために理解して咀嚼しました。例えば「科学」は「science」の概念を表すためにつくられた和製漢語です。「哲学」も「philosophy」という学問の分野を指す和製漢語です。「democracy」は「民主主義」と訳されました。ちなみに中江兆民はルソーの著書の漢訳『民約訳解』の中では民本主義と訳しています。

このように、昔の日本人は外国から入ってきた概念や思想を、漢字で表記するために自分たちなりに解釈して咀嚼していたのです。

ところが近年の日本人は、外国語をそのままカタカナにして咀嚼しないで使っています。私は約40年間、観光業に従事した専門家で、いろいろな会議に出席していますが、次から次へと新しいカタカナ用語が使われている場に出くわして困惑しています。マイクロツーリズムやらワーケーションやら、理解に苦しむ言葉が当たり前のように使われる。パンデミック絡みで言っても、ゼロコロナ・ウィズコロナ・アフターコロナ・ポストコロナって感じです。

外国から入ってきた概念や思想が、近年では解釈も咀嚼もされることなくそのまま使われています。これ自体、洗脳と言っていいのですが、今の日本人はそんな認識さえ持ち得ないのです。陰謀を仕掛ける勢力からすると日本人は認知操作しやすいと思うでしょう。

私たちは認知バイアスなどのいろいろなバイアスの影響を受けて物事を見たり、考えたり、判断したりします。しかも情報化された現代においては、情報操作や洗脳やラベリングで、自由な思考ができているのか怪しいものです。しかも日本人は大人しく、摩擦や争いを好みませんので、ヘルベルト・マルクーゼ的に言えば、権力者への隷属や多数決で規定される民主主義的権力の横暴を容認しがちです。「抑圧的寛容」というものです。

寛容、不寛容の話で言えば、今いちばんホットなイシュー（issue）はＬＧＢＴ等、多様性の問題ですが、ここでは取り上げません。読者でご興味ある方がいれば、ＬＧＢＴ、ダイバーシティ、ポリティカルコレクト、キャンセルカルチャー、ヘイトスピーチなどを全部日本語に訳して議論してみてください。

そのまま輸入

ここでは経済絡みの問題点について言及します。

例えば、ＤＸとＧＸです。前岸田政権は、グローバリストに洗脳された政治家やグローバリズムを信奉する学者やジャーナリズムや経済人の、ＤＸで日本の人手不足が解消したり、国際競争力が回復したりするという考えに騙されて、そういう政策を強力に推し進めました。

鹿児島は人口流出と減少が進み、少子高齢化もあり、人手も人材も足りません。我が社のバスの運転手さんはコロナ禍以降４年で８００人から６００人に２００人減りました。平均年齢は59歳です。このままいくとあと3年で我が社のバス事業は廃業です。一方、国土交通省や都会の大手バス会社はＥＶバスの普及には熱心で２００億円の補助金を確保しました。しかも、国産のＥＶバスはないのです。肝心な運転手不足には、自動運転で対応すればいい雰囲気です。レベル4（自動運転車）の実用化にあと何年かかると思っているのでしょうか。それまで我が社は持たないのです。

DXやGXより優先すべき政策がたくさんあるのではないですか、と言いたい。

DXやGXは国家戦略であり、多数に支持されたグローバルなエスタブリッシュメントであるかぎり、それに隷属せざるを得ないことは、私もわかっています。しかし少数派に寛容な環境の中で、互いに合理性を持って議論してこそ、初めてそこにアウフヘーベン（止揚）が存在するのです。

なぜ、日本は日本人同士でそういうことができなくなったのでしょうか。頭の悪い・声の大きい外国かぶれが幅を利かす日本の社会は劣化したのです。

余談ですが、太陽光発電のパネルも、海上風力発電の風車もほぼ100％中国からの輸入です。2023年度の貿易収支のうちのサービス収支は4000億円弱の赤字です。通信・コンピューター・情報サービスの支払いと経営コンサルティングサービスなどの海外の支払いが増加しています。つまり、現在、日本政府のいう形だけのDX、GXは外国の技術やノウハウを単に導入して、コンピューター化を進めることで、その使用料等で、ますます外国にお金を払うことになります。

日本語に直せない外来語の氾濫、ごまかしの言葉に惑わされる日本人

いつの間にか日本人は外国から持ち込まれた概念（思念）や思想を日本人として解釈もしくは咀嚼して、自分なりの言葉（日本語）を与えなくなりました。それだけでなく、その傾向がますますひどくなっています。

要注意なのが、咀嚼、解釈しない外国からの思想や理念の日本語バージョンです。すでに述べましたが、新しい資本主義や普遍的価値などです。

ノーム・チョムスキーの言語生得説と普遍文法仮説の考え方が言語学の主流になってから、言語が社会に対して与える影響が拡大したのです。チョムスキーは言語をつくり出す能力が人間にあると考えました。それによって言語学は認知科学の分野に入り込み認知心理学、言語心理学へと発展したのです。また、認知言語学という学派も出てきました。

特に認知言語学は平たく言えば言語学と心理学の中間の人間の心理的過程を研究する学問でチョムスキー以降、言語が社会を形成するという考えが主流となっていきました。言い換えれば、言語を操作することで、人々の認識は変わるという意味で、言語操作で社会そのものをコントロールできると考えるのです。

ジョージ・オーウェルの小説『１９８４』は、独裁者の支配する社会を描いた作品とし

て知られています。この小説の重要なポイントは「ビッグブラザー」という独裁者のことではなく、「ニュースピーク」と「ダブルスピーク」という概念にあります。

ニュースピークとは、従来の単語の意味を書き換えたり、新しく造語したりすることで、人々の思考を変化させ、まったく異なる考え方を植え付ける手法のことです。ダブルスピークとは、他者の認識を操作するために、言語の実際の意味をわざとわかりにくくすることです。

チョムスキー以降、言語が社会を形成するという考えが多くの頭のいい学者で形成され、研究されました。言い換えれば、言語を意図的に操作することで、社会そのものを変えることができるという前提で社会を、国を、世界を変えようとしている人々が間違いなくいるのです。

最近では、アメリカの一部の州で、免許証の性別欄に「X」と記載することが認められているそうです。男性でも女性でもない、第3の性別を示すためです。もしこの制度が半世紀も続けば、その州で生まれ育った人々は、人間には三つの性別があるものだと信じるようになるかもしれません。

日本でも、似たような現象が起きています。会議などで横文字を使った尤もらしい用語が次々と登場し、私たちの思考に影響を与えているのです。最近では、「リスキリング」

や「スタートアップ」といった言葉が気になります。私は何も変わらないと思いますが、「スタートアップ」と「ベンチャー」とは異なる定義だそうです。ご存じのように「サラリーマン」は英語ではありません。逆にサラリーマンを表す英語はありません。中小企業を表す英語もありません。サラリーマン、中小企業、リスキリング、スタートアップの四つの用語を使って、今後日本の競争力を上げるためにどのようにしたらいいか皆さん考えてみてください。

他にも、「LGBT」、「DX」、「GX」、「ヘイトスピーチ」、「カーボンニュートラル」、「ポリコレ」、「ステークホルダー」、「エクイティホルダー」、「グレートリセット」、「ベーシックインカム」、「SDGs」など、次々と新しい言葉が生まれています。

問題は、それらの言葉が示す概念を、日本人が真に理解しているかどうかです。これらの言葉は、誰かが意図的につくり出し、都合良く使っているのかもしれないのです。そして、そのような言葉によって、世の中は少しずつ悪い方向に誘導され変わっていくのです。「CSR」といったアルファベットの略語も、同様の効果を持っています。「CSR」は、もともと「企業の社会的責任」という日本語があったにもかかわらず、敢えて英語の略語が使われるようになりました。

言葉や印象を意図的に操作することで、社会を変えることができる。認知科学はそこまで発達しました。これは、私たちが肝に銘じておくべき重要な事実です。メディアやＳＮＳで飛び交う新しい言葉に惑わされることなく、その背景にある意図を見抜く力を養う必要があるでしょう。

つまり言葉の裏側にある真実を見極め、自分の頭で考える習慣を身に付けることが、これからの時代を生き抜くために不可欠なのです。

オーウェルが描いたディストピア、言語操作による思考コントロール

日本語における漢字の存在は、外国から簡単に認識操作されることを防ぐ役割を果たしてきました。外国から入ってきた言葉も、そのまま取り入れるのではなく、解釈し直して漢字に置き換えることで、日本独自の意味を持たせてきたのです。

戦後、外来語をカタカナで表記するようになりましたが、戦前、特に明治維新直後は多くの外来語が漢字に直されていました。

また、日本では社会的な階層によって異なる言語が使われていました。オフィシャルの世界では文語体が用いられ、現代の私たちには読解が困難なほどの漢字が使われていたのです。漢字には独特な意味があり、ある種の防波堤としての役割を果たしていたと言える

でしょう。一方で、漢字を捨てることで、外国の影響を受けやすくなっています。注目すべきは、オーウェルが『１９８４』で描いたディストピアの独裁主義体制における思考回路のコントロールです。多くの人間は観念で考えているのではなく、言語で考えているため、言語を操作することで大衆の思考を操作することができるのです。

例えば、私たちの世代では体罰や叱責が当たり前でしたが、今ではＤＶと呼ばれるようになりました。また、根性やガッツといった言葉も、現代の若者には通じにくくなっています。根性という言葉が死語になったら、人間は負けないぞという精神的な何かがなくても生きていけるのでしょうか。

今の若者にとって、根性とは悪いものであり、部活で水を飲むなというような精神論と同じように捉えられています。負けないぞ、頑張るぞ、と根性は同じものなのでしょうか、異なるものなのでしょうか。働き方改革では、根性を出して頑張ることは良くないとされています。

言語を操作することで思考をコントロールすることを目的として戦略的にかつ時間をかけて構築されたデザインされた知識の体系は、私たちの知らないところで地球規模の巨大な力を有しています。それは洗脳と呼ぶよりは、それ以上のものとなっています。アメリカで「キャンセルカルチャー」とも呼ばれているイデオロギーがアメリカ合衆国という国を壊しつつあります。すでに日本のカルチャーはこの80年間で半分以上キャンセルされてしまっているかもしれません。

一例を挙げます。私たちは「働き方改革」で、勤勉を美徳とする国民性を失いました。働くことが悪いことと考えるのは、私の知る限り、キリスト教とマルキシズムだけです。近いうちに、「働き甲斐」とか「やり甲斐」とかの言葉もそういう概念がなくなるのでしょう。ジャパン・アズ・ナンバーワンをつくり出した戦士「サラリーマン」が劣化し、プロレタリアアートに成り下がり、リーダーであるべき人がサラリーマンになった日本は、もう日本ではないのかもしれません。

私はこの国の強みは、この国の独特な「Japanese Culture」にあると思っていますので、サラリーマンもその一つでした。この国の先行きに悲観的にならざるを得ない理由がそこにあるのです。

第3章

パンデミック対策とコロナ禍対策

パンデミック対策とコロナ禍対策

本章では、パンデミック対策とコロナ禍対策とを区別して論を進めることにします。言葉遊びのようにお感じになる読者もおられるかと思いますが、私からすれば、新型コロナウイルスがパンデミックレベルで流行するという天災に対して、政府や都道府県知事が国民・県民の生命や財産を守るために行うべき公衆衛生上の対策をパンデミック対策と定義します。

当然、やるべきことは多様な視点から検討され、判断が下されます。ただ、パンデミック対策では第一義的にはこの感染症に罹患した被害者を限りなくゼロに近づけてできるだけ短期間で終息することを目的として、何をすべきかを考えるはずです。

ここでの被害者とは、あくまでも新型コロナウイルス感染症にかかって重症化する人、最悪は死亡する人を主に考えるべきでしょう。コロナ禍対策はパンデミックの国民の生活や経済への影響を広義に捉え、それにいかに解消、回復、救済するかを考えられるべきでしょう。

このとき、私が皆さんに認識していただきたいのは、パンデミック対策自体が国民の生活や経済に大きな影響を及ぼすということです。

一番わかりやすいケースが、欧米先進国で実施されたロックダウンには、然るべき補償が政府から経済的損失を被った事業者に支払われていることです。

次節でコロナ禍対策の評価について言及しますが、日本におけるコロナ禍対策は、パンデミック対策の弊害に対処することが大切な観点であるという思想もしくは規範が欠落していることで、この災禍が必要以上に日本の社会や経済にダメージを与えたと読者の皆さんは考えてみてください。

一例を挙げれば、パンデミック対策で大学の授業がリモートになりました。ひどい例として、ある学生はコロナ禍で入学式を迎え、3年生までずっとリモートで授業を受け、ただただネットでレポートを提出しただけの大学生生活でした。3年間キャンパスに行かないでリモートのみで授業を受けなければならない必然性があったのでしょうか。仮にあったとしたら、その弊害に対する対策を政府や都道府県知事が行わなくてよかったのでしょうか。

緊急事態宣言時の飲食店に対する時短営業要請の時に支払われた協力金はパンデミック対策の弊害に対する対応ですが、補償金名目でなく定額の協力金だった点に政府・都道府県知事の為政者としての思想に疑義が生じる訳です。

また財政力のある東京都だけ金額が多かったことも地方主権論者の私からすれば納得い

かないのです。
パンデミック対策とコロナ禍対策を敢えて区別して議論を深めたい理由がこの辺にあります。

話が少しそれますが、実は短期決戦で終息させなければならない、かつそれが可能となるかどうかは、ウイルスの特性によります。感染力が強く、病原性が高い（無症状者がいない。重症化・致死率が高い）ウイルスに限られます。近年の事例で言えば、SARS、MERS、更にポリオ、結核のようなウイルスや菌の場合です。この場合は、感染者の完全な隔離しか対策はありませんし、感染からの潜伏期間が一定期間あり発症し、無症状者がいないので、それが可能です。

仮に致死率が高く、潜伏期間が長いウイルスだったら、潜伏期間は無症状なので、その感染者が感染を拡大させます。潜伏期間が長い、もしくは無症状者が多い感染症では隔離政策のみでは対応が困難になります。幸いに、日本は水際でこの類いのウイルスを防疫できましたので、日本国内でパンデミックになったことはありません。そして、この類いのウイルスは感染症法の2類感染症の指定を受けます。

本題に戻しますと、新型コロナウイルスは当初2類相当としてパンデミック対策がなされました。2023年5月にインフルエンザと同じ扱いの5類となりました。約3年間、

2類扱いでした。つまり、SARS、MERS、ポリオ、結核と同じ扱いだったのです。先進諸国に比し、日本は2年近く対応が遅いといわれています。

繰り返しになりますが、2類感染症は感染者を早期に発見し、隔離して、感染が拡大する前に封じ込めないといけないのです。それに失敗すると、多くの人が重症化し、死亡します。ただし、この隔離による封じ込め対策の必要十分条件が、無症状者がいないということです。

結論から申し上げると、新型コロナウイルスは無症状者がいるという点で、隔離による封じ込め、換言すればロックダウンによる終息はもともと不可能だったのです。それをもっとも明確に示したのが中国のケースです。

実は、日本政府は2009年の新型インフルエンザの流行の時に、無症状期間があり、軽症者もいるタイプの感染症は検疫による完全把握と強制隔離で感染拡大を防止できないことを学習済みだったのです。ですから、新型インフルエンザは2類でなく5類指定になったのです。

日本の厚生労働省の官僚は、明治時代からの旧態依然の隔離主義を基本とする感染症法に基づいてパンデミック対策を行っていました。ある医療専門家に言わせると「古典的な感染症対策」と批判的にネーミングしています。

この厚生労働省の明治時代からの隔離主義が生み出したハンセン病問題について少しだけ後述します（150ページ）。

余談ですが、濃厚接触者という用語が使用され、感染している可能性がある人が隔離を強要されましたが、PCR検査を行わないで隔離することに感染症法上の法的正当性はありません。

パンデミック対策は正しかったのか

本節の「正しかったのか」という部分は、本書で述べている私の論理と矛盾しています。なぜなら、私はこの世の中で起こることについて、正解はないことを前提に官僚制の問題点を指摘しているからです。

結論に至る私の屁理屈を省略しますが、〝誰から見て、また、いつの時点で評価して〟で答えは大きく異なります。

観光・交通・飲食事業者、特に地方の事業者から見れば、政府の公衆衛生の観点からのパンデミック対策は正しくなかったと迷わず答えます。ですから私は訴えを起こしました。

コロナ禍で、我が社を含めた観光・交通・飲食事業者が損害を被っています。この損害は、パンデミックという「天災」による被害だと言えなくもありません。しかし、政府の対策やそれを助言した専門家と呼ばれている人たちの「公の」場での責任を負わない発言による影響によって人の行動が必要以上に抑制されたという意味では「人災」でもあります。

にもかかわらず、政府は観光・交通・飲食事業者に補償とか支援・救済とか一切行いませんでした。なぜなら、政府は天災との前提で、この3、4年間を貫き通しています。ただし、さすがに何もしない訳にはいかないと考えたのか、Ｇｏ Ｔｏ トラベルキャンペーンで対応することで、パンデミック対策上必要と思われた行動制限、人流抑制によって、経済的損失を被る観光・交通・飲食事業者に対する補償をすることを考えました。

私はまず、読者の皆さんに、正確に事実関係として認識していただきたいことを述べることにします。

⑴　２０２０年、新型コロナウイルス・パンデミックが日本においても発生し、それが大惨事とならないように、然るべき公衆衛生上の対策を講じなければならないと政府が判断し、法律を整備し、対策が検討され、徐々にそれが実行されつつあった3月頃の時点で、新型コロナウイルス感染症の流行が、その後3年以上も続くことが予見され、それを前提として対策が検討され、実施予定ではなかった。

(2) 事後的に名付けられている第1波、第2波の流行に（時期的には4月から9月程度まで）然るべき対応をすれば同パンデミックは終息させられるとの認識を国民が共有するような情報が政府や専門家から発信されていた。一番有名だった人が、「8割おじさん」と呼ばれた西浦博氏である。実際は数カ月（第1波・第2波）で終わらず、第3波、第4波と続いて、気がつけば、第9波（オミクロン株）まで3年間続き、「終息」でなく「収束」に、「ゼロコロナ」が「ｗｉｔｈコロナ」に、いつの間にかなった。

理論免疫学と公衆衛生学を根拠とした日本式ロックダウンでは、新型コロナウイルス感染拡大を数カ月で終息させることに失敗した。そして第3波が２０２０年秋から始まったが、この第3波をウイルス学の通説に基づき、ウイルスの変異による新株による新たな感染拡大であると専門家と政府は公式には認知しなかった。

(3) ちなみに短期間でパンデミックを終息させるためにはすべての国民の行動及び移動に制限を課すことが必須であった。欧州の先進国においては、従前の通りパンデミックを想定して、法的拘束力を持って国民の行動を制限することができる法整備がされていた（これを通称ロックダウンと呼んでいる）。米国、カナダ、オーストラリアにおいては、連邦法でなく、州法において、州民の行動・移動について法的制限を課すことができた。

多くの欧米の先進国が初期の段階では必要最小限のロックダウンを行った。

(4)　憲法上法的拘束力をもって国民の行動や移動を制限できない日本においては、「不要・不急の●●の自粛要請」ということが、行政機関から国民・県民に対してなされた。（日本式ロックダウンと呼ぶ）この行政権よりの自粛要請なる行為の法的裏付けを強化するために、政府は新型インフルエンザ等対策特別措置法（特措法と呼ぶ）を２０２０年3月に改正し、緊急事態宣言を発出できるようにした。その後、蔓延防止対策措置も発出できるようにした。

(5)　「不要・不急の●●の自粛要請」は法律的には行政手続法の行政処分を伴わない行政指導という位置付けになっている。そして、特措法によれば、それを発出する権限を有するのは都道府県知事である。

(6)　政府は第1波終息目的で２０２０年4月に3週間緊急事態宣言を発出し、第1波は終息したがウイルスの変異により第2波が発生し、9月頃には終息（収束?）した。しかし、第3波（変異武漢株）が流行した。その後ウイルスは変異を続け第4波〜第9波と、感染拡大・収束・感染再拡大を繰り返し、3年以上続いた。

(7)　スウェーデンには日本と同じく憲法によって、国もしくはその他の行政庁が国民の行動を制約できない事情があった。さらに、ウイルス感染症はウイルスが変異を繰り返し行い感染拡大、収束、ウイルス変異、感染再拡大、収束、ウイルス変異を繰り返すというウイルス学の通説を根拠とし、今回のパンデミックは長期間続くことを前提に、国民に過度の行動制限を求めるなどの国民に大きな負担を継続的に求めることは行わず、持続可能性を重視したパンデミック対策を講じた。

この7項目を読んでいただければおわかりのように、専門家が助言し、政府が採用したこの国のパンデミック対策は、私や私と同じように観光・交通・飲食事業者にとっては正しくなかったのです。

なぜなら、この正しくない対策で国民が3年間、旅行や帰省を控えたため、我が社の収入は大きく減少し、3期連続で大きな損失を被ったからです。このことを否定する方はいないと思います。私にとってはスウェーデンのように国民の負担が小さい持続可能性重視の対策を行ってほしかったのです。

しかし、日本の専門家と政府は感染拡大を一旦収束させてもウイルスが変異し、そのたびごとに感染が再拡大する、それを繰り返すことを計算に入れていなかったのです。ウイルスが変異し、感染が再び拡大したとき、同じ日本式ロックダウンを繰り返しただけでした。

2023年5月、新型コロナウイルスが指定感染症5類となって、パンデミックは収束したことになっています。正確に言えば、新型インフルエンザと同じ扱いをすることになりました。私たちの生活はパンデミック前に戻りました。しかし、新型コロナウイルスに感染し発症する人は国民の中に一定割合います。

訴訟における私の主張と根拠

私が納得できないことは、このパンデミック対策によって発生した経済的損失を被った人たちに対して政府や都道府県知事、そして、その対策の在り方に助言をなした専門家は、補償や救済についてまったく責任が無いと第三者を装っていることです。

「もともと天災ですし、旅行や帰省をするな

小池百合子 東京都知事　(c)Pimages/amanaimages

と権力や権威が国民に命じたわけではないですから」というスタンスを堅持しています。

マイケル・サンデル教授の『What's the Right Thing to Do?』（邦題：『これからの「正義」の話をしよう』）において、教授が提示した暴走列車（トロッコ問題）の分岐線問題の視点からすれば、私たち観光・交通・飲食事業者は暴走を発見した男が5人の命を救うため（公衆衛生の絶対命題）に、スイッチレバーを操作して分岐線に引き込んだために列車にひき殺された1人の男（観光・交通・飲食事業者の倒産）の遺族の気分です。

政府のパンデミック対策をこの視点で言えば、5人の命を救い、1人を犠牲にするという基準が当然採用されたというだけのことです。

事実、訴訟の相手方の1人である尾身茂分

尾身 茂 新型コロナウイルス感染症対策分科会会長　(c)kyodonews/amanaimages

科会会長（写真）は、日本のパンデミック対策は感染者数も死亡者数も世界で一番少なかったことをもって、「尾身氏他専門家の助言は世界で一番正しかった」と裁判でも主張されています。

また、「旅行・観光が控えられたのは、死亡率が高い上に治療薬もない未知の新型ウイルス感染症の流行自体の結果である」、「専門家の発言があろうがなかろうが、旅行・観光の差し控えの程度は変わりなかった」と主張しています。

この主張において、尾身氏は、政府の政策に影響を与えたこと、自説を基に旅行、帰省の自粛を国民に呼びかけたこと、Ｇｏ Ｔｏ トラベルを中止させたことに、自分たちは無関係だと言い、自分には責任は無いと言い張る厚顔無恥さには唖然とします。

読者の皆さんに二つのことを認識していただきたいので左記します。

(1)　私は、訴訟を起こす前に、国立感染症研究所の研究者の協力を得て、旅行やＧｏ Ｔｏ トラベルは感染拡大の原因ではないことの論文を発表しました。

具体的にはまず、鹿児島県における新型コロナウイルスの感染状況と鹿児島県への長距離移動者数の関係を調べたところ、鹿児島県においてはＧｏ Ｔｏ トラベルキャンペーンの期間中は、そうでない時期と比べて感染性が低かったことがわかりました。

次に、鹿児島県指宿市の新型コロナウイルスの感染状況と指宿市内の主要ホテルの宿泊客数の関係を調べたところ、有意な相関関係は認められず、観光旅行が新型コロナウイルス感染症の流行に顕著な影響を及ぼすことは示されませんでした。

さらに、鹿児島県屋久島空港の利用者及び島内主要ホテルの宿泊客数を用いて、旅行者が感染性に与える影響を検討したところ、いずれも有意な関係は認められず、旅行者は感染性に有意な影響を及ぼさなかったことが判明しました。

上述の鹿児島県における研究結果からも明らかなように、国内長距離移動を自粛させる政策の根拠あるいは合理性は乏しかったのであり、むしろ、Ｇｏ Ｔｏトラベル事業は感染力の低下に繋がるものでした。同事業を中止し、県外移動、

中川俊男 元日本医師会会長　(c)kyodonews/amanaimages

帰省及び旅行を制限することが新型コロナウイルス感染防止に繋がるとの見解は科学的に誤りであり、旅行や帰省など、人の遠距離への移動がコロナウイルス感染を拡大することはなかったのです。

なお、これら合計４本の鹿児島県関連の論文は、すべて科学技術振興機構（ＪＳＴ）により開設された、論文を閲覧できるサービスＪｘｉｖ（ジェイカイブ）に公開されています。また、そのうちの２本の論文は、国際的な科学雑誌の審査を経て掲載（英文）され、学術的なお墨付きを得ていることを付言しておきます。ご興味のある方は、以下のＵＲＬをご参考にしてください。

掲載先　https://ojphi.jmir.org/2024/1/e44931

掲載先　https://www.innovationinfo.org/journal-of-health-science-and-development/article/Association-of-Sightseeing-Tourists-and-COVID-19-Outbreak-A-Case-Study-of-a-Hot-Spring-Resort#fulltext

中川俊男元日本医師会会長（写真）と尾﨑治夫東京医師会会長はエビデンスが無いにもかかわらず、Ｇｏ Ｔｏ トラベルが原因で第３波の感染拡大が発生したとして、Ｇｏ Ｔｏ トラベルを中止させました。

科学的に立証されていないにもかかわらず、逆に間違った風評を流布するお二人は医学者としての資格があるのでしょうか。

ちなみに尾身分科会会長は、国会でＧｏ Ｔｏ トラベルが感染拡大の原因であると科学的に立証されていないと答弁しています。ちなみに中川氏に対して、私は訴訟を提起してあります。

(2) 既述の通り、ウイルスは変異し、パンデミックは一定期間続くものです。したがって、ウイルスの変異について遺伝子情報をタイムリーに把握して、感染の収束と次の感染拡大の予見を考慮し、きめ細かい感染拡大防止対策や重症化対策が行われなくてはなりません。日本においては、結果論としてオミクロンまでの9回の波に対して、大雑把《おおざっぱ》な積極的疫学調査に基づいた旧態依然とした日本式ロックダウンを続けただけでした。公衆衛生学と理論免疫学に偏った我が国のパンデミック対策で、医学、免疫学、ウイルス学などの科学的視点が欠けていました。

繰り返しますが、地方の観光・交通・飲食事業者は、スウェーデンのようなパンデミック対策を行ってほしかったです。そして、それでも日本での死亡者数は世界でいちばん少なかったはずです。なぜなら日本の医療は世界一整備されているからです。この3年間の政府のパンデミック対策が正しくなかったことは、これら科学的知見をもってしても、明らかと思います。

コロナ禍対策は正しかったのか

地方での観光・交通・飲食事業者にとってコロナ禍対策は憲政史上最もひどい悪政だったと私は言いたいです。

改めて、本節ではコロナ禍対策とパンデミック対策と区別して論じていることを再確認してください。

私たち地方での観光・交通・飲食事業を営む者にとって、この種のウイルスのパンデミックはウイルス変異を伴うため、長期間続くことを前提にその対策が検討されて丁寧に講じられなければならなかったのです。

しかし、実際は短期で終息することを目標とする当初考えられた対策が断続的にダラダラと3年間講じられました。しかもウイルスが変異するたびに、何回も繰り返し自粛要請がなされました。

特に旅行・帰省についてはＧｏ Ｔｏ トラベルが感染拡大の原因という風評を流布され、結果、帰省・旅行は偏見・差別を受けることになりました。国民に対して、国から、都道府県知事から、専門家から、医療界から、帰省と旅行の自粛が求められました。

にもかかわらず、この一連の日本式ロックダウンによるパンデミック対策で損害を被った観光・交通・飲食事業者に対して政府から補償がされることはなかったのです。

パンデミック当初は、まやかしのＧｏ Ｔｏ トラベルという経済対策で実質的に観光・交通・飲食事業者の損害を補填し、黙らせようとしたのですが、案の定、ウイルスが変異して第３波が発生し、パンデミックは終息も収束もしませんでした。

この時に、日本医師会と東京医師会の両会長から第３波の感染拡大はＧｏ Ｔｏ トラベルが原因であるとされ、濡れ衣を着せられました。

中世の魔女狩りと同じ構図であります。結果、旅行・帰省は感染を拡大させる反社会的行為としての烙印を押されたのです。

Ｇｏ Ｔｏ トラベルは当然中止し、再開もされませんでした。

私たち観光・交通・飲食事業者は大きな損失を被り、それに対する支援もなく、多くが廃業・倒産しています。

私にとってパンデミック対策は正しくなかった以上の失敗以外の何ものでもないのです。

パンデミック対策の失敗は、私たちにとっては失政であり、その失敗に対しての補償・救済もされないという点で悪政であります。

命題「コロナ禍対策は正しかったのか」

コロナ禍自体は天災（危災）であります。しかし、その天災に対応するために政府によって実行されたパンデミック対策が正しくなかった上に、その厄災の被災者、もしくは人災の被害者に対する救済及び回復支援に関して、合理性を欠き、かつ公正性を欠いていたことは明白です。

よって、コロナ禍は人災とすべき部分もあります。そして、それを考慮すれば、コロナ禍対策は憲政史上、特筆すべき悪政でしかありませんでした。

スウェーデンのケースで前述しましたが、長期間続くパンデミックに対して国民がその負担に耐え得る持続可能なものであったか、といえば違ったことは明白です。

コロナ禍にどう対応すべきか、という視点について、根本のところで政治に道義がなく、憲法の精神への配慮が欠落していました。

政治家や官僚や都道府県知事や専門家たちにとって、それより大切な価値基準があったのでしょう。

しかし、そのために一部の国民の生活や財産を犠牲にし、それに対する補償も行わないのであれば、彼らの行ったことは悪政でしかありません。

なぜ悪政なのか

細々と、私が悪政と評価せざるを得ない理由を書いていきます。

まず、政府のコロナ禍対策の根底にある為政者としての「思想」（心積もりと表現したほうが適切だと思いますが、敢えて思想としました）が、為政者としての道義心を欠いているのです。

日本国民の何人の人が感じているかわかりませんが、政府は補償・補填・補助という名目の資金の給付は一切行っていません。理由はパンデミック対策で国もしくは都道府県知事が行政権力者として行った行為は一人ひとり国民に対して「不要・不急」の「外出」、「県境を越える移動」、「帰省」などの自粛の要請であるので、国もしくは都道府県は事業者の3年間の収入の減少について責任はないという姿勢を堅持するためです。

「不可抗力」という言葉があります。英語ではforce majeureと訳します。

私はニューヨークで商社マンをしていた時に英語で契約書のドラフトを作らされたことがありますが、国際的な契約でいかなる契約書にも欠いてはいけないものが三つあります。

（1）governing law & jurisdiction、（2）Arbitration、（3）force majeureです。

民間同士の契約では、この三つをしっかり定め、何かトラブルが発生したときに、これに正しく対応しないと相手方にいいようにやられます。日本人と西洋人が契約して、この類いでの争いになったら大概、日本人は西洋人の思惑通りの契約書を締結しているケースが多く、ほとんど負けています。

ちなみに、日本国政府とファイザー社とのワクチン購入契約では governing law はニューヨーク州法で、Arbitration はファイザー社指名のアメリカ人弁護士が組成する私的委員会の仲裁案に従うとなっていると仄聞しています。

force majeure とは不可抗力についての条項です。平たく言えば天変地異や戦略やストライキなどで契約が履行できないときは互いに免責とするような条項です。

私も詳しく知りませんが、日本では国と国民の間で、この不可抗力について、どのような原理・原則があるか、また憲法との関係はどうなっているのか、国は国民に周知していません。国家権力の都合のいいように国民の権利の侵害が正当化される仕組みになっているのではないか心配です。

すでに何回も本書中に出てきていますが、欧米の先進国におけるロックダウンは、パンデミックという天災、つまり不可抗力のため、その国々で憲法や法律によって守られている人権（財産権・営業権）を国家権力が制約・制限することが許されているという原理で、法的正当性をもって人々の移動の自由を制約することを承認していると理解しています。

発動時に、その制約によって人々が被る不利益を国家が補償するのか、しなくていいのかは、その国ごとに法律で決まっていると理解しています。

不可抗力の最たるものが戦争だと思います。以前、緊急事態基本法の話と、それを合憲とするための憲法改正の問題が前岸田政権から提起されました。前々から、戦時になったときの法整備がなされていないので、いざとなっても自衛隊が敵兵を射殺したら殺人罪になるなんて笑い話のような議論がありました。

今回は、それに加えて再びパンデミックが発生したとき、それに然るべき対応をするために、緊急事態基本法の整備と憲法改正を行わないといけないという問題提起がなされています。

私は、今回のパンデミックで憲法第22条の居住移転の自由（移動の自由と営業の自由）を実質的に侵害しておいて、それに対して、国民の自発的判断だから国や都道府県は賠償する義務はないという思想を持つ現政府・現政権に対して大きな不信感を持っています。ですから、もしそのような動きがあったら断固反対で動きます。

目下、国連のWHOで怪しげなパンデミック条約を締結しようという動きがあり、日本政府が前のめりになっています。これに反対して国内でも多くの人が活動していますが、なぜか、この国では、政権にある政治家も、国益や国民を優先しないといけない官僚も、それ以上に学者や専門家もマスコミも、国民の認識を操作して、日本、日本人にとって不都合なほうに持っていこうとしているようです。

まさに、新型コロナウイルス・パンデミックのパンデミック対策やコロナ禍対策で起こったこととイメージがダブります。

パンデミックという天災で、パンデミック対策による人災で、多くの人が経済的に損失を被りました。その損失を天災とするのか、人災とするのかブレークダウンして、補償についての判断は難しく、政治的に線引きを行おうとしても、揉めてコンセンサスが取れにくいでしょう。

これを逆手に取り、大きなダメージを受けた観光・交通事業者に対して救済を行わない言い訳として、この屁理屈が、多くの官僚、多くの政治家の口から発せられました。

観光・交通事業だけでなく、あらゆる業種が大小あっても、それなりのダメージを受けているので線引きが難しいことは理屈としては理解できます。

しかし、敢えて言います。それを為政者として判断し、敢えて線引きして、やるべきことを実行するのが政治ではないのですか。

旅行が感染を拡大する等の間違った情報発信と、それとセットでなされた旅行の自粛等で、3年間、通常年の半分しか収入がなく、存続が危ういレベルで業績が悪化し、資金繰りが困窮している地方の観光・交通事業者を特別として救済策を考えるのが政治の存在価値ではないでしょうか。本末転倒の屁理屈をもって何もしない政治を、私は認めたくありません。

日本のコロナ禍対応は先進国の中でも良いほうだったとする日本の風潮のもとになっている医療関係者やマスコミの人々。

私と同じように憤っていても、自分たちの無力を嘆きながら諦めているご同業の皆さん。コロナ禍で窮屈な生活を強いられて、いろいろと不都合を被った一般の国民の皆さん。これでコロナ禍は終わったことにしないでいただきたい。

私たちにとってコロナ禍はまだ終わっていないのです。

メッセージ発信の責任は問われないのか

「不要・不急な移動の自粛要請」、「不要・不急な帰省・旅行の自粛要請」、「不要・不急な県境を越える移動の自粛要請」等は前述の通り、本来は都道府県知事が発出する行政処分を伴わない行政指導です。

しかし、実際は、専門家の人たちから、政府から、知事たちから、マスコミ等を通じて

「公」の場で、大々的に、全国民にそのメッセージが発信され、多くの国民がそのメッセージを真摯に受け止めて、言うことを聞きました。この日本式ロックダウンは日本人の同調圧力に弱い特性によって大変効果があったと評価されています。

しかし、憲法第22条を侵害していないように装いながら、「旅行・帰省で感染が拡大する」、「県境を越える移動によって感染拡大地域の感染が他地域に伝播する」、「Ｇｏ Ｔｏトラベルを実施したせいで感染が拡大した」という嘘の情報を、結果的に、国、都道府県知事、専門家、マスコミ等が皆でグルになって全国に流したのではないですか。

コロナ禍の時に、自分の県のＰＣＲ検査陽性者数に一喜一憂し、県外の人々に自県に来ることを控えてくださいとホームページに載せた知事たち。

地方の観光・交通・飲食事業の地元のプレイヤーが経営難に苦しんでいる中で、ポストコロナ環境で本質を外した「ＤＸごっこ」や「高付加価値ごっこ」という観光振興フェイクゲームに興じている国土交通省の官僚と国土交通関連業界の票を獲得している政治家の方々、おのおのの県で地方創生ごっこと観光振興ごっこを担当している地方自治体の職員の皆さん。

地方の観光を支える主たるプレイヤーである私たちが生き残らなければ、地方の観光は消滅、日本の地方は一層衰退すると想像できませんか。

決して、地方の観光・交通・飲食事業者は、デービッド・アトキンソン氏が評する生産性の低いゾンビ企業として淘汰される対象ではないのです。

皆さん、コロナ禍は終わったと思っていらっしゃるようですが、実は日本のほんの一部の業種にすぎませんが、観光・交通・飲食のフィールドでは、この禍いの中で、まだ苦しんでいるのです。

アメリカに言われ自ら衰退させた半導体産業の復活のために外資であるTSMCの熊本工場に数千億円の税金を投入する産業政策、ウクライナに数兆円の支援を行う普遍的価値観外交政策、大阪万博に1兆円の国費を注ぎ込み、その後にバクチ場誘致を軸とする関西圏地域振興政策、中国製の風車を輸入し数兆円の税金を投入する洋上風力発電プロジェクト、数千億円でアメリカから購入する中国や北朝鮮やロシアの超音速ミサイルを打ち落とせない旧型のトマホークを購入する防衛強化策。

私は、これら現政権の政策の評価を行う立場にはない一民間人ではありますが、この中にコロナ禍で回復不可能に近いダメージを被った地方の観光・交通・飲食事業者のための救済に1兆円ぐらいの国費の支出を政治判断していただいてもいいのではないですか。その判断で政権は日本の国民の支持を失うことはないと思いますが。

まだ済んでいない

多くの日本人は、実際3年間で致命的となるレベルで経済的損失は被っておらず、もうコロナ禍のことはお忘れでしょう。

しかし、今からでも結構です。

私たちの救済に関して、政治が動き出すように世論形成にお力を貸していただきたいのです。

前述の政策が真に国益かどうか疑わしいと異を唱えている皆さんにも、私たちを救済するべきだと声を上げていただけたら誠に嬉しく思います。

この国のコロナ禍対策は悪政の極みであります。これを検証し、問題をあぶり出し、同じことが二度と起こらないように反省と改善を行う必要があります。

実際に、私は訴訟をしています。本書も直、世に出ることになります。何人の人に読まれるかわかりませんが……。

私は諦められません。

だから、取り敢えず一人で「観光一揆」を起こしました。

第4章

観光は日本にとって必要な産業ではないのか

観光は人が元気に生きるために必要なもの

「観光」は英語の「Tourism」を明治政府が四書五経の一つである『易経』の「国の光を観る」という一節を引用して作った言葉と聞いています。『観光のまなざし』（ジョン・アーリ、ヨーナス・ラースン）という著作によると、旅は昔から存在したが観光は近代以降の社会にしか存在しないと記されてあります。

私見ですが、一般の民にとっては、旅は巡礼が原点にあると考えています。観光が存在しない近代以前においては、一般の民は毎日が生活のため、生きるためのものであったはずです。

つまり、民にとって日常は一生涯生きるために費やされたのです。その中で西洋においても、日本においても、その民は一生に一回だけ、巡礼という宗教的な意味を持つ脱日常行為が許されたと考えられます。もしくは民の一生は、その脱日常のためのものであったとも言えます。キリスト教徒で言えばバチカンやエルサレム、イスラム教徒であればメッカへの聖地巡礼がそうだと言えます。日本の江戸時代で言えば、お遍路とか、お伊勢参りとか、日光社参などが該当すると思います。

産業革命以降、農業経済から産業経済に移行した先進国において、経済的なゆとりができた市民層を中心に一生に一度の脱日常行為としての旅が、その目的が多様化し、旅をする人の数も頻度も増したので、ジョン・アーリとヨーナス・ラースンが言うように旅やその類いのものが観光と呼ばれるようになったと考えていいと思います。

現代社会では、先進国において観光は大衆化し、1年に数回の旅行をすることは過半数の人々にとって当たり前となっています。しかし今でもそれは脱日常の行為であります。ヨーロッパには「バカンス」と称される観光があります。本家のフランスでは、人間が元気に生きていくために必要とされています。法律でも1年1回25～30日の連続休暇が取得可能です。一生に一度の巡礼が1年に1回の観光という脱日常モデルに変化したと考えていいかと思います。

近代から始まった観光は現代において多様な旅を総称した用語となっていますが、その原点である、〝人が元気に生きていくために必要とされる脱日常行為である〟という観光の本質を忘れるべきではありません。

フランスのみでなくヨーロッパの国々にもバケーションが、北米でもホリデーズがあり、人が元気に生きるためには1年に1回ぐらいは日常を離れて脱日常行為である観光が必要であるという共通した通念は少なくとも世界の先進国には存在します。

そして、戦後の日本では、それが国民にとって共通の認識になっています。

豊かになった日本において脱日常は二つのカテゴリーに区別できます。一つが、前述の1年に1回、もしくは数回の観光という脱日常です。もう一つが毎日の中での小さな脱日常です。この後者の一例は、週末に会社の同僚と飲みに行くとか、家族でレストランにて外食するとかいう類いのものとご理解ください。

余談ですが、前者の脱日常はコロナ禍3年間、不要・不急な行為として自粛が求められました。後者は必要なものとして、「三密」を避ければ日常の中で認められました。緊急事態宣言時には時短営業・営業自粛などが求められ、大した額ではありませんが協力金が支払われました。前者にとっては実に不公平な対応です。

江戸時代では、農業経済社会であり、一般の庶民もしくは農民は一年中、また一生生きるための日常を暮らすだけの経済力しかありませんでした。

日本が近代化され徐々に豊かになり、一部の富裕層が、観光することができるだけの経済力を持ちました。大正時代には観光も大衆化しつつありました。

しかし、太平洋戦争で負けて焼け野原になり、日本国民全員が観光などできない状態になりました。そこから、私たちのおじいさん・おばあさん・お父さん・お母さんたちは頑張って戦後復興を成し遂げました。

日本人にとっても、それぞれが一生懸命働いて、最低でも1年に1回は、元気に生きるために、観光に行ける経済力が備わりました。

昭和40年代後半には、電気洗濯機なども普及して、主婦が家事から解放され始めました。その頃の平均的な日本人の家族は、年に1回程度は家族で温泉旅行をするようになり、年1回、職場単位での1泊旅行を社員旅行と称して行うようになりました。当時は一生に1回と考えられた結婚時に、会社を休んで1週間弱の新婚旅行に行く習慣が普通となりました。

昭和50年代、平成と日本が豊かになるに比例し、平均的な日本人の旅行の頻度は上がり、旅行の目的も多様化しました。ほとんどの小中高の学校においても修学旅行が実施されるようになります。行き先は海外まで拡大しました。ビジネスの絡みでもインセンティブとかコンベンションというカテゴリーの観光需要が拡大していきました。

地方から東京など大都市部に就職し、そこで働き、家族を持った人たちがお盆と年末年始の休暇時に家族を連れて自分の生まれ故郷に旅行する習慣が当たり前のように日本人の文化として定着しました。これを「帰省」と称し、日本人にとっては、ごく普通の年間行事として日本人のライフスタイルに組み込まれたのです。

以上、敗戦の荒廃から復興を成し遂げた日本人にとって、バカンスがフランス人にとって元気に生きるために必要なものであるように、日常生活の中で時間的に経済的に許される範囲内で、いろいろな形で旅行（観光）という脱日常行為を行うことは、日本人も元気に生きるために必要なこととなったのです。

当社の歴史と存在意義

私は祖父の代から3代にわたり、鹿児島を中心に観光事業に関わってきました。30歳の時から現在に至るまで40年超、観光と交通のビジネスを行っています。私は、我が社の家業は社会・国家にとって必要である財やサービスを供給していると考えています。昔、〝鉄は国家なり〟と言いましたが、現代では、〝観光は社会なり〟と考えています。

ビジネスとは、平たく言えばお金儲け、もしくは営利活動です。

ただ私の矜持は「世の中が必要とするもの（ニーズ）を提供する事業を我が社は行っている」です。我が社が行っていることは単なるお金儲けではないという自負を私のみでなく、役員・社員にも持たせるようにしています。ですから、「いわさきの事業理念」の中には「地域の自助・自立の実現」とか「地域ネットワークの構築」等を謳っています。

鹿児島は第2次産業が脆弱で、第1次産業と第3次産業で何とかやっている地域です。日本にはそんな地域は多く存在します。そして、その地域で多くの人が生計を立てるために観光関連の事業を行っています。

多くの事業者の規模は小さく、事業というより生業《なりわい》と言ったほうが適切です。それでも、事業規模に関係なく、地域の観光事業者の生業が、その地域の経済を支えていて、また、その事業者の提供しているものは日本の国民が元気に生きるために必要なものであることは間違いありません。

我が社も国民が元気に生きるために必要なものを提供し、それで雇用を守り、利益を上げ、それを地域に再投資し、さらに事業を強化・拡大することで地域の経済を活発にし、鹿児島が持続可能性を持って自助・自立することに貢献してきました。

１９５２年（昭和27年）にバス・鉄道事業を買収し、１９５６年（昭和31年）に指宿にホテルを開業して、70年以上、観光をやってきました。

そして、自分たちは社会に、鹿児島に、人々にとって必要なものを提供する事業を行っているとの矜持、もしくは自負が支えとなって我が社の社員は誇りを持って仕事をしています。

産業の定義

産業とは「人々が生活する上で必要とされるものを生み出したり、提供したりする経済活動のこと。また経済活動の分類の単位という意味でも使われる」と定義されています。

読者の皆さんにお聞きします。

「観光」は日本では産業として扱われているでしょうか。日本には先進国では当たり前の観光大臣はいません。産業連関表にも観光のカテゴリーはありません。観光庁ができたり、観光立国推進基本法が成立したり、地方創生で第2次産業のない地域の自治体の首長が全員観光振興を言い出したり、政府がインバウンドを外貨獲得の一つの柱として諸政策を行ったりしても、私にはこの国では観光を産業として見なし、産業振興を本気で行うつもりが、国をはじめとする一連の関係者にあるのかなあという一抹の懸念がありました。

コロナ禍で大変なダメージを受けて、事業存続が危うい状況になるまでは、それでも、大して意に介しませんでした。なぜなら、矜持とか誇りとかは他人の評価に左右されるものではなく、己自身の価値観とか信念の問題であるからです。

私は、観光とは産業の一つであって、社会にとって不要なものとは当然思っていません。コロナ禍で、特に最初の1年間で「不要・不急」という言葉が使われました。自粛の要請は行政処分を伴わない行政指導であるとご説明しましたが、その前に「不要・不急の」というフレーズを付せば、憲法違反で国や都道府県が損害賠償で訴えられる可能性を低減させることを意図したレトリックでしかありません。

言葉遊びに聞こえると思いますが、「不要・不急」は一つの単語でしょうか。それとも「不要」or「不急」なのでしょうか。

２０２０年3月ぐらいから２０２０年12月頃までの（Ｇｏ Ｔｏ トラベルが中止になるまでの）期間について、旅行は、帰省は、そして県境を越えての旅行は「不要・不急」と考えるように、国や都道府県によって国民が誘導されたとしても、私はここまで過剰に反応はしませんでした。

ある意味、その程度の期間でパンデミックを終息させるためであったら、一人の国民としてそれに協力するのは義務だと考え得たからです。観光は不急と言われても納得できました。しかも、国は緊急事態宣言など最初の過剰な自粛による損害を実質的に補填するためにＧｏ Ｔｏ トラベルを実施してくれたからです。

それ以上にＧｏ Ｔｏ トラベルで、旅行で感染は拡大しないという政府の公式見解を前提に、国民に対して必要以上に旅行は自粛しなくていいというメッセージを発信していたからです。Ｇｏ Ｔｏ トラベルが始まってからは、県外ナンバーの車が石を投げられることもなくなったのです。

ところがGo Toトラベルの中止で一変しました。

観光は感染を拡大するとして、「不要・不急」でなく「不要」な行為とされ、個々人が「必要・至急」と思っていてもすべて自粛の対象になりました。そして、若干の修正はありましたが、2023年5月の5類指定まで続いたのです。

このことはこの国の為政者や専門家などの権威者や世論を誘導するマスコミ各社の民僚にとって、観光は国民が元気に生きていくために必要なものでなく、日本には、観光産業は存在しないという差別的な思想が潜在していることを証明しました。

さすがの私も「自助・自立」という自分の自己満足的な矜持を守ることをやめました。コロナ禍での損害は然るべき人たちに補償してもらうべく、行動（訴訟）を起こしたのです。その行動を「観光一揆」と呼ぶことにしたのですが、今のところ1人で一揆しています。

スケープゴートにされたGo Toトラベル

2020年3月28日に「新型コロナウイルス感染症対策の基本的対処方針」が新型コロ

ナウイルス感染症対策本部（本部長内閣総理大臣）より発出されました。その４月16日変更版には（緊急事態宣言を発出した日）、

(1)「ロックダウン」（都市封鎖）のような施策は政府として実施しないこと。
(2) 国民の落ち着いた対応を呼び掛ける。
(3) 的確なまん延防止策及び経済・雇用対策により社会・経済機能への影響を最小限にとどめる。
(4) 国民生活・国民経済の安定確保に不可欠な業務を行う事業者については、十分に感染拡大防止策を講じつつ、事業の特性を踏まえ、業務の継続を要請する。
(5) 機動的に必要かつ十分な経済財政政策を躊躇《ちゅうちょ》なく行うこととする。特に新型コロナウイルスの感染拡大により、経済活動が縮小する中で影響を受けている方々の生活を維持するとともに、中小・小規模事業者や個人事業者の方々が継続して事業に取り組めるように制度を整える。

と記載してあり、国民生活・国民経済の安定確保に不可欠な業務を行う事業者として業務継続を要請する事業者として「国民の安定的な生活の確保」という項目の「生活必需サービス」の中に〝ホテル・宿泊〟は含まれていました。「社会の安定の維持」の項目の中に物流・運送サービスとしてバス・タクシー・海運などが含まれていました。

ところが、政府及び専門家は、2020年4月23日に「基本的対処方針の別添で掲げるホテル・宿泊等について」という表題の事務連絡で、「不要不急の旅行、観光による感染拡大を防ぐため、市民・宿泊事業者がともに協力して取り組むことがある」と専門家が提言したことを理由に「事業の継続が求められる事業者」とされている宿泊事業者のうち「行楽を主目的とする宿泊に係る事業」は事業の継続が求められる対象とはならないものである、との通達を出したのです。

この通達は、都道府県知事や各省庁を通じて諸団体にも流されました。国土交通省を通じて日本ホテル協会、日本旅館協会など宿泊4団体にも流されました。

一般の方からすればクリティカルな問題ではないと思うでしょう。私としては、このことに専門家たちの、官僚たちの、そしてそれを問題意識なく追認する政治家たちの本音を見てしまいます。

彼らは観光を社会にとって必要なものと考えていないのです。観光は産業と見なされておらず、差別されています。

実際は第1波、第2波が収束し、東京を除いてＧｏ Ｔｏ トラベルが2020年7月に始まって、観光に対する負のバイアスは収まり、旅行をする人も徐々に増えてきました。

繰り返しになりますが「不急」なものとされるのは我慢できました。しかし第3波になって日本医師会会長・東京医師会会長から魔女扱いされて、尾身分科会会長から、緩んだ日本国民のさらなる行動変容を促すためにＧｏ Ｔｏ トラベルをスケープゴートにされて、ロックダウンを当然と考える中国共産党と同じ思想を持つ小池百合子都知事が東京都民に県境を越える外出の自粛を要請してから、再び旅行や観光は感染を拡大させる行為であり、しかも国民生活にとって不要なものであり、観光は日本の経済からすれば大した経済活動でない、ということになりました。

この辺でこの議論はやめておきますが最後に一言だけ、申し上げたいです。書籍まで出して、もう済んだことをくどくど言っているのは日本中で私だけではないかと思います。

しかし、特に地方で観光・交通事業を営んでいる人々は少なかれ、これに近い思いを持っていると考えてください。コロナ禍が終わって、インバウンドを中心に観光が盛んになって業績も良い事業者は都市部と特定の地域だけだということもご理解ください。

１００兆円ももらったのは誰？

私は、すでにＧｏ Ｔｏ トラベルをまやかしと記述しています。また、パンデミック対策、コロナ禍対策について、根本のところで政治家や官僚や都道府県知事や専門家に憲法順守の精神や道義心を欠いていて、為政者・権威者として思想に問題があると言い切っています。

これらの私の意見に対して不快に思う人も少なくないでしょう。そういう方々に私は左記の質問を投げ掛けることにします。

(1) コロナ禍対策（パンデミック対策も含む）で政府は100兆円支出したと聞いています。財務省的視点で言えば、このコロナ禍対策で財政状態が悪化したことが強調されています。しかし、視点を変えれば100兆円のお金を誰かがもらった（対価としてもらったものも含む）という見方もできるのです。3年間で100兆円の経済対策がなされたとも言えます。その視点に立ったとき、政府のお金の使い方に政策としての合理性、道義的公正性、政治的な正当性などに問題がなかったと言い切れますか。

(2) 政府案は低所得者世帯のみに30万円／人を支給する予定だったのが、公明党案を政府が丸のみして、全国民に10万円／人で支給した政策は何のための支出だったのでしょうか。国家・地方公務員の人たちはコロナ禍で収入が減った訳ではありません。経団連のメンバーの大企業の社員の人たちも収入が減った訳ではありません。大手マスコミの社員も、NTT、NTTドコモ、JR各社、日本郵政、このような会社の社員も収入が減った訳ではありません。しかし、総額13兆円の国費が全国民にばらまかれました。政権与党が政権を維持するために、政策としての妥当性・正当性もなく13兆円ばらまいただけではなかったのでしょうか。ポピュリズムの極みではないのでしょうか。

(3)　持続化給付金名目で、ばらまかれたお金も何のためなのですか。資本金10億円未満の企業や個人事業主に一社200万円もしくは一事業者100万円のお金をばらまいた政策の合理性が見えません。5・5兆円もの国費を使って何を政策として実現しようとしたのでしょうか。しかも、このお金をばらまくために無理やり、電子データを利用し、数千億円を電通やトーマツに支払う必要があったのでしょうか。鹿児島商工会議所会頭として言わせていただければ、商工会議所や商工会経由でできたはずです。

(4)　コロナ禍の被害者の資金繰り支援のためのゼロゼロ融資や県の信用保証協会のコロナ枠等の支援政策を2年間でやめてしまったら資金繰りが行き詰まる企業が出てくると思わなかったのですか。

(5)　消費税、固定資産税について、コロナ禍が3年間続いたのに、たった1年間で特別猶予をやめて2年目以降、全額しっかり取り立てたのですが、それで多くの企業に倒産が出ると思わなかったのですか。

(6) 社会保険料についても、最初の1年だけ特別猶予にして、2年目から、しっかり取り立てていますが、この会社負担で資金繰りが行き詰まり廃業・倒産が増加していま す。最近は社保倒産という言葉もあるぐらいですが、コロナ禍での損失は天災だから政府はコロナ禍で資金繰りが困窮している事業者に対して政治的な配慮を行わないと考えているようですね。

リーマンショックの時はモラトリアムを行いました。あの時と今回とどこが違うのですか。財務省OBのある政治家曰く「金融機関が倒産すると日本経済へのダメージが大きいからで、今回とは少し事情が違う」それが正しい政治と言えるのでしょうか。

このまま書き続ければ、あと何ページも続きますのでここでやめますが、私たち地方の観光・交通事業者にとっては、コロナ禍は終わっていないのです。

しかし、政府や都道府県知事はもう終わったこととしています。コロナ禍で大きな経済的ダメージを被らなかった大半の国民の人々は、もう実際コロナ禍のことは過去の記憶でしかなく、インフレや人手不足のほうに関心事は移ってしまいました。

このまま諦めて泣き寝入りすれば、観光や交通事業は国民の社会生活に不要な営みとして認知されることを許すことになります。

地方の観光・交通事業者は生産性の低いゾンビとして救済もなされず淘汰されることになります。人口減少と少子高齢化で地方は人がいません。人手がないのではなく、人がいないのです。その上、土日休みの取れない観光業は極めて人気がなく、最小必要限の働き手も確保できない状況です。

私たちの置かれている事業環境はコロナ禍の負の財産を背負っているにもかかわらず、悪化する一方です。

残念なことは、この国においては、それを理解してくれている人がほとんどいないし、この国の政治や政策や世論形成に深く関与している人々は、わざとわからないふりをしています。

本書が一人でも多くの人に読まれ、賛同者が増え、政府と都道府県知事が遅ればせながら何かしらの施策を行ってほしいと思っています。加えて、諦めているご同業の方々も、思い直して立ち上がってほしいと思うのです。

「巨額のコロナ禍対策予算」は適切に使われたか。国民目線での検証が必要

新型コロナウイルス感染症の世界的流行は、甚大な損失をもたらしましたが、一方で得をした者も存在しました。

政府は対策として100兆円の予算を投じましたが、この巨額の支出がどのように使われ、誰が得をし、誰が損をしたのでしょうか。政府の100兆円の支出については、マスコミが「使った」と表現していますが、ケインズ経済学では、国民経済全体の有効需要を増加させるために政府の消費支出または政府の資本形成として100兆円の貨幣支出がなされたという認識となります。

平たく言えば、100兆円の経済対策がなされたという認識になるということです。

政府の資本形成とは、道路を新設するなどの公共投資の類いのものですので、今回のパンデミック対策では、ほとんど該当するものはありません。したがって、政府の支出は、ほとんど消費支出となります。また、ワクチン代として、ファイザー社に支払ったお金は、国内にほとんど残りませんので、国内の有効需要とはなりません。

100兆円の貨幣支出の内訳をつぶさに見ると、企業に支出したケースと個人に支出し

たケースでは、有効需要の観点で言えば、少し意味が異なります。企業のケースでは、政府が支払ったお金が、企業にとっては、売上となります。その売上から、原材料代と人件費とその他の経費を差し引いたものが利益になります。原材料代は、それを仕入れた取引先の売上になります。人件費は個人の給与ですので、個人の消費もしくは、資本形成に繋がります。企業への政府の支出は、ほとんどが、短期間のうちに消費に繋がる有効需要の創出となります。

個人のケースでは、一般論としては、政府からもらったお金を直ちに消費する場合と、貯金したり株を買ったりする資産形成になる場合の二つに分かれます。

以上のことをふまえて、10万円の個人給付を検証すると、８割は貯蓄に回り、そのかなりの部分が金融商品や株式に回ったと言われています。13兆円のうち2割の２・６兆円しか消費に回らなかったのです。コロナ禍期間中の経済対策としては非効率なものとなります。

企業のケースでも、病院に支出された補助金について検証すると、医療従事者に渡った補助金は人件費ですので、多くが消費となります。

感染症対応病床を増やすことを目的に支出された、１５００万円／ベッドの補助金は、本当に病床を増やすための仕入、経費に使われていたら、その病院に機材・器具等を納めた会社の売上になりますが、人員不足を理由に病床数が、実態として増やしていなければ、つまり、その病院の利益となり内部留保が増えただけです。資産形成をしただけのことで、コロナ禍期間における有効需要の創出に繋がっていません。コロナ禍後多くの病院が新築・改装を行ったことは、皆さんはご存じですか。

以上、100兆円の経済対策が、コロナ禍の間の経済停滞に対処するためという本源的な目的を持って検討され、実施されたという大前提で見れば、その多くが、コロナ禍期間の経済の活性化に繋がっていないと言えるので、その評価は落第点となります。パンデミック対策として実施されたけど、コロナ禍対策の経済対策としても意味があったものは、マスクへの補助金、消毒液への補助金、アクリル板への補助金など各都道府県から支給された助成金でした。ただし、額は僅かでした。

コロナ禍対策で最も評価できるのは、雇用調整助成金でした。コロナ禍期間、企業は雇用を維持し、従業員は失業しないで、給与が従来通りもらえます。政府の消費支出が企業の消費支出しに繋がり、そして従業員（個人）の消費に繋がった。ケインズ経済学の有効需要政策の教科書通りの経済対策でした。

ただし、支給対象と期間が不十分でした。売上減少が、50％以上とか、徐々に縮小して、2年間で終了とか、政策目的達成のための必要十分条件を満たしていません。厚生労働省と財務省の官僚にコロナ禍対策の本来の目的をちゃんと達成するという責任感が欠けていたのです。平たく言えば、やるからには、「けちるな!」ってことです。

また、東日本大震災の時のように、直接給付にしなかったので、企業は社会保障料の会社負担分を、従業員が休業しているのに負担させられています。皆さん気付いていませんよね。よくある官僚の悪知恵です。皆さん気付いていないことが、もう一つあります。雇用保険料の会社負担分だけ、コロナ禍後、２０２２年度から2%上がっていることです。姑息なやり方だと思いませんか。

Ｇｏ Ｔｏ トラベルについては、実は、奥深い背景を考慮する必要があります。政府は、パンデミック対策で、国民に移動制限を求めながら、その弊害に対して、経済的補償を行うつもりは最初からありませんでした。そのかわり、パンデミックが収束したら、Ｇｏ Ｔｏ トラベルキャンペーンという経済対策で旅行需要を喚起して、被害を被った観光・交通事業者に実質的に損害に対する補償を行うつもりでした。その時に、国民が使うお金がなければ旅行はしません。だから、経済対策として、全国民に10万円／人の13兆円の消費支出を行ったのです。

ケインズ経済学の有効需要の創出のための公的支出で有名なのはフーバーダムのような公共工事ですが、10万円／人の給付金とＧｏ Ｔｏ トラベルキャンペーンは、旅行という特定の消費をターゲットとした、二者をセットにした特殊なケインズ経済学的経済対策とみなすことができるのです。しかも、それは観光・交通事業者の救済の側面も併せ持っていました。

しかし、Go Toトラベルキャンペーンは中止になり、13兆円のうち10兆円強は貯蓄になり、2・6兆円も耐久消費財の購入に回され、ほとんど旅行には使われませんでした。その上、Go Toトラベルキャンペーンが、いわれない感染拡大の濡れ衣を着せられて中止となったことは、ダブルパンチを浴びたことになります。このことに私は強い怒りをおぼえるのです。

新型コロナウイルス感染症対策として実施された様々な給付金や支援金は、その多くが経済対策でもなく、被害者救済策でもなく「まやかし」であると言わざるを得ません。

欧米諸国では、ロックダウンを強制的に実施した際、その間の経済的損失を補償するために、然るべき額の給付金を支給しました。為政者側も、ロックダウンが経済や個人の生活に悪影響を及ぼすことを理解しており、できるだけ早く解除し、徐々に緩和していきました。

一方、日本政府は意図的にそのような補償を行っていません。国民1人当たりに10万円を配布した施策についても、当初の自民党案では経済的に恵まれない低所得者のみに30万円を支給するという低所得者救済策でしたが、公明党案に変更されました。何のための13兆円なのか、説明できないものになってしまいました。

前述の如く、Ｇｏ Ｔｏ トラベル、Ｇｏ Ｔｏ イート、Ｇｏ Ｔｏ イベントとセットとして考えたら、観光・交通・飲食・イベント関連業の被害者の救済策でしたが、結局、Ｇｏ Ｔｏ トラベルは中止になり、少なくとも観光・交通事業者の救済はなされていません。

持続化給付金も同じことが言えます。これは、申請した企業や個人事業主に一律１００万円もしくは２００万円を支給するという施策でしたが、給付にかかるコストのほうが高くつきました。

また、給付の条件が、前年度からの売上減少率というシンプルなものであったため、コロナが原因ではない売上減少でも給付を受けられたケースがあったようです。

そもそも、この給付金は、経済対策とは言い難いものですし、損失を被った企業や個人事業主への補償でもなく、何を目的にしたのか検討もつきません。

結局のところ、日本政府が支出した給付金や支援金は、私たち観光・交通事業者からすれば、合理性が乏しく、理不尽なものにしか見えないのです。

ハンセン病問題の視点からの意見

感染者隔離を是とする古典的発想、ハンセン病からコロナ禍まで一貫

コロナ禍によって浮き彫りになった日本社会の歪みを象徴する事例として、ハンセン病患者の扱いが挙げられます。

ハンセン病は、1950年代には世界的に隔離の必要がない病気とされていたにもかかわらず、日本では1996年まで隔離政策が継続されました。この問題では、厚生労働省の予算確保といった不適切な動機が背景にあったことが、政府の検証で明らかになっています。

しかし、前述の政府検証には触れられていない重要な点があります。当時の医学者や専門家の責任です。現在のコロナ対策に関わる専門家たちと同様に、彼らは利権集団の代表として行動していたとしか思えません。

ちなみに、コロナ禍対策においては、専門家会議のメンバーの中には、現在外資系の製

薬会社の役員を務める者もいます。彼らは医療崩壊を煽り、多額の予算を病院に配分させながら、実際には重症者用のベッドをほとんど提供しなかったという疑惑も取り沙汰されています。

中医協（中央社会保険医療協議会）のような利権団体から専門家会議メンバーに常務理事が送りこまれていました。

新型コロナウイルスが他国より1年以上遅れて5類感染症に分類されたのも、こうした利権の影響があったからではないでしょうか。ＰＣＲ検査の推奨や抗原検査の否定にも、何らかの裏事情が存在するのかもしれません。

根底にあるのは、感染者を隔離することで問題を解決しようとする古典的な発想です。科学的なアプローチよりも、権力による管理、恐怖による支配を重視する姿勢は、ハンセン病問題からコロナ禍対策に至るまで一貫しています。

専門家たちは、こうした方針に都合の良い意見しか述べていませんでした。

世界的に見れば、新型コロナウイルスの感染拡大を抑えるためには、ＰＣＲ全数検査による感染者の洗い出しと隔離及び治療が有効である、というのが共通認識です。

一方、日本では不要・不急の外出自粛を呼び掛けるだけで、感染者の洗い出しも積極的疫学調査という非科学的手法がとられ、更には、治療にも消極的でした。政府は、国民に対して明確な戦略を示すことなく、場当たり的な対応を繰り返してきたのです。

コロナ禍は、日本の医療システムやパンデミックに対する国家としてのマネジメントの在り方の脆弱性を浮き彫りにしました。権威主義による非科学的な意思決定、国民に向けた説明の欠如、そして問題の根源に触れようとしない姿勢は、ハンセン病問題から何も変わっていないのです。

余談ですが、日本の将来に悲観的な予見をもたらす年金問題と医療保険や介護の問題も厚生労働省の所管であることを忘れないでください。たった1年だけの特別猶予のみで、それから後は払えない事業者からもしっかり取り立てて多くの中小企業を社保倒産に追い込んでいるのも、同省内の社会保険庁です。

日本社会が抱えるこの類いの構造的な歪みを正すためには、今までのやり方では不可能です。私たちが自分事として、能動的に関わっていかないと何も変わらないでしょう。

コロナ禍は、日本社会の歪みを浮き彫りにしただけでなく、構造改革ごっこや規制緩和ごっこやイノベーション信奉でなく、日本の社会システムの何を変えるのか変えないのかの本質でものを考えるべきではないか、と日本人に教示したと思います。

利権支配の医療システムがパンデミック対策を誤らせた

前述の積極的疫学調査の科学的根拠は、実は乏しいのです。当時の日本のパンデミック対策は、いわゆるクラスターを見つけ出し、感染者を特定し、隔離することに重点が置かれていました。この疫学調査はクラスターの感染者から保健所の職員がヒアリングして情報を集めるだけの行為です。ですから、「クラスター」、「濃厚接触者」、「経路のわからない感染」などご都合主義の用語が駆使され、国民は自己判断で合理的行動を取ることを許されませんでした。そんなやり方でしたので、保健所の人間を含むリソースは不足し、機能不全でした。

ちなみに、ゲノム分子疫学調査は科学的なものであり、ウイルスの変異と感染拡大との関係を正確に分析可能とするもので、日本では第４波まではゲノム分子疫学調査はパンデミック対策に生かされていません。

そのつけは感染者に回されました。例えば、発熱者がＰＣＲ検査を受けるためには、限られた医療機関に足を運ばなければなりません。しかも、そこに行くためには公共交通機関を使うなと言われました。しかも、検査で陽性になっても入院できる保証はありません。こうした非合理的な戦略では、重症者数や死亡者数を最小化することができません。

コロナ禍で浮き彫りになった日本の社会システムの問題点の一つが、互恵型利権構造のパーツでしかない医療業界の人間や官僚たちが、国として最終的な意思決定を行ったことです。彼らには国民の命を守る、というお題目を唱えるだけで、真に国民の命を守るつもりがあったのか、疑問が残りますし、国民の財産権・営業権も守るという使命感は無かったように見えます。

そして、その意思決定に政治家の積極的介在が無いのがいちばんの問題なのかもしれません。本来、コロナ禍対策の責任者は総理大臣であるはずです。しかし、実際には厚生労働省の一部の官僚と、利益代表や御用学者と化した専門家たちが主導権を握っていました。彼らが作り上げた戦略は、観光業界をはじめとする多くの事業者を犠牲にすることを厭わず、結果、破綻に追い込みました。しかし、その責任を取ろうとする姿勢は見られません。

為政者に頓着する

日本人は、道徳心の高さ故に、為政者の不適切な対応を長年にわたって許容してきたのかもしれません。地震などの災害時に暴動が起きないことを誇りに思う向きもあります。

しかし、逆にそれを大きな問題だと考えるべきだと思います。日本人の特性に為政者（政治家、官僚）が甘え、その日本の社会の長所にあぐらをかき、結果、責任さえ取ろうとしないこの国の為政の実態が事実存在します。

国民一人ひとりが、為政者の責任を適切に問うことの重要性を認識しなければなりません。道徳心の高さを誇るだけでなく、社会の問題点を直視し、批判的でありながら代案提示型の議論を重ねていく姿勢が求められているのです。単なる政権批判で満足することなく、次元の低いジャーナリズムに乗せられないようにして私たちが努力していかねば、何も変わらないでしょう。残念ながら今の日本の野党の政治家やジャーナリストにそれが欠けていることは衆知の事実です。敢えて言えば、野党の先生方が本当の政治家として振舞ってくれたら、日本は少し良くなると私は考えています。

日本のコロナ対策において、初期段階でコロナ患者を入院させたこと自体は正しい判断だったと言えます。当時は諸外国でもロックダウンが実施されました。そのような状況下で、コロナを2類相当の感染症として扱うことは理解できます。

しかし、無症状者の存在や潜伏期間の問題が明らかになった段階で、戦略の転換が必要だったはずです。ハンセン病対策と同様に、関係者が意図的に方針を変えなかったことが問題の根源にあります。彼らは状況の変化に合わせて対策を修正するのではなく、むしろ現状を維持することで、責任追及を逃れようとしました。ハンセン病患者を隔離し続けることで予算を確保したように、コロナ禍においても、関係者が利権構造によって支配されていたと言えます。医療業界のみならず、PCR検査関連事業者もマスクメーカーも、はたまたアクリル板のメーカーも利益を上げました。ワクチン接種も、同様の構図で利権化されました。

コロナを5類に分類せず、インフルエンザと同じ扱いにしなかったのは、ワクチンビジネスを政府の補助金付きで継続するためだったと考えられます。もしコロナが5類になって有料になれば、ワクチン接種者数が減ったのでしょうから。5類にするのに最後まで反対したのは中医協だったことを憶えておいてください。

以上のパンデミック対策の問題の根底には、感染症法の問題があります。本来、感染症対策はウイルスの特性に応じて、また、医療の進歩に合わせて柔軟に変更されるべきです。しかし、日本では古典的思想の感染症法に固執し続け、それが実現されていません。ハンセン病患者への対応の誤りが数十年も放置されたように、コロナ禍でも同じ過ちが繰り返されたのです。

特措法に基づく自粛要請も、その本質は、国民を騙すための欺瞞的な隔離政策に過ぎません。1億2000万人もの国民が極端な恐怖心から一歩も家から出ないようにするのは不可能であることは政府もわかっています。ただ、西浦博氏が提唱した「８割の接触削減」で、事実上、国民の恐怖心を煽ったのも、日本、独特なロックダウンだったと考えれば、政府の隠れた思惑の存在について腑に落ちるかもしれません。

国民の生活を長期間にわたって制限することは不可能です。諸外国のロックダウンは短期間で集中的に実施されましたが、日本の自粛要請では明確な基準もなく、広く緩く実施されただけでした。しかも必要以上に長くです。

本当に日本人は辛抱強い国民です。

でも、私は辛抱しません。

第5章

日本国の構造と性質

国家経営責任の所在

責任を曖昧にする為政者たちのマネジメント意識の欠如

私は政治について語るときにはよく、「為政者」や「統治」という言葉を使います。もちろん政治にはいろいろな定義がなされますが、基本的には政治とは国家経営の一つの側面だと思っています。もともと、国家は企業と同じように「マネジメント」が必要である、が自説です。

ところが、日本では国はマネジメントされるものであるという考えがなく、「統治」という概念のほうが強く意識され過ぎているようです。私は、「為政者」を国家の経営者という意味で使っています。

実際、このたびのコロナ禍での政府の対応は、マネジメント不在を露《あら》わにしたのではないでしょうか。このことは国家を統治する為政者が、あるいはもっと広い意味で支配している人たちが、自分たちが何のために存在しているのかをわかっていないことを示しています。国家を経営しているという意識がないか、乏しいのでしょう。ですから、パンデミックが発生したとき、自分たちがしなければいけないことが本当にわかっていなかったようです。

それでは、国家経営とは何ぞや、と考えると、特に政治面を強調して考えれば、富の再配分をマネージすることです。

ところで、最近ダメだな、と思うのは国益という言葉が国民を欺くために使われていることです。「国益詐欺」が横行しているのです。

本来の「国益」とは統治機構の富でもなければ国家権力の益でもありません。国益を図るとは、国家の益の最大化ではなく、国民の富の総和の最大化です。国民全体の益を図ることです。

極端な例えで言えば、戦争の是非というのは、結果として国民の富の総和を増やすことができたかどうかで決まります。多分、戦争では総和を増やすことは不可能です。なぜなら戦争で亡くなった人がいれば、失われた国益は得たものよりも大きいと考えられるからです。ウクライナで起こっていることも、このような視点で見ると違う景色が見えてくるのではないでしょうか。

会社は誰のもの

最近のグローバリストの欺瞞的なロジックもこの国益詐欺と同じレトリックです。戦後復興を成し遂げてアメリカに迫らんとするまでの経済発展を担ってきた日本の大中小の企業はエクイティホルダー（株主）だけのものではありませんでした。ステークホルダーのものでもあると考えられていました。このときのステークホルダーは従業員とその家族、取引先（大企業の場合は下請会社という取引先が存在し特別なものでした）、そして地域社会です。

しかし、ある時から唐突に何者かが株式会社は株主のものであると言い出したのです。そして、株式会社の存在意義とその目的が何者かによって書き換えられました。

敢えて、会社の益＝「社益」という言葉を使うと、「社益」が株主の利益とイコールになったのです。そして、それは配当金の最大化と株価の最大化と同義であり、社長視点で言えば期間損益の最大化を意味します。

そのあたりから日本の企業経営がおかしくなり、日本の競争力が劣化・衰退していきました。そしていまだに何者かが仕掛けた「plot（はかりごと）」に陥ったままです。

日本の奇跡的経済発展は、日本的資本主義が理想的な社会主義経済と呼んでいい独特な経済システムの構築に成功していたからだ、という説は多くの人々に支持されています。

勢いがあった頃の日本における株式会社の社益は株主益だけでなく、従業員の益・取引先の益・地域社会の益の総和でした。そして、その時の日本式経営の要諦は、総和としての「社益」の最大化だったのです。

私の祖父の口癖は「うちの会社はオーナー会社だから配当しなくていい。利益を出して、再投資して、会社をさらに強くし、鹿児島を発展させることが大切だ」でした。

「国益」とは国民の益の総和であり、日本国中の地域の益の総和であり、国家権力に関わる人々や一部のセクターの私益ではないのです。そして当然、日本の国家経営は真の国益の最大化を目的としてなされるべきなのです。

この視点で、コロナ禍における施策の是非も問われるべきです。そしてマネジメントに関わっていた人たちの責任を問うべきです。

しかし、この国の為政者（政治家も官僚も含めた人）たちは、常に責任の所在を曖昧にしたまま国民が忘れてくれることを当てにしているように見えます。

もともと、彼らには、マネジメントの意識がありません。公務員の人たちはパブリックサーバントであるにもかかわらず、自分たちがパブリックで統治者だと思っている人が少なからずいます。

税金から見えるこの国の歪み

難癖つけた者へのペナルティと無効の通知

私たちは、税によって支配されています。

のっけからややこしいお話で恐縮ですが、私が一般財団法人岩崎育英文化財団の理事長として、2021年から国を訴えた「行政上告提起事件」についてお話をさせてください。

この裁判の経緯について簡単に述べます。

まず、当財団は1952（昭和27）年に私の祖父が設立した財団法人がベースになっています。東京の世田谷に学生寮を設置して、経済的に恵まれていない地方の有為な学生が東京の有名大学に行けるようにする学生寮事業や鹿児島の高校・中学校を首席で卒業する学生に「岩崎賞」という報奨を与える事業などを70年間行ってきました。近年は給付型奨学金事業も行っています。

さて、国は、2006年に民法を改正し、新たに公益法人制度改革関連の3法を創設し、２００８年12月1日から施行しました。当財団は、この法の施行までは民法の旧条文に基づき財団法人として経営がなされてきました。しかし、根拠法が変わったので、同財団も新法に則《のっと》り5年の猶予期間の後に非営利型一般財団法人を選択し、従来通り財団の経営を継続していました。

　少し説明を加えると、新しい法律では「収支相償」という合理性・正当性を欠く新たな公益法人経営へ縛りを付け加え、国の公益法人への監督権もしくは支配権が強化されたため、公益財団法人を選びませんでした。加えて税法上は一般財団であっても、非営利型一般財団の要件を満たすと法人税は非課税となっていましたので、当財団は公益財団法人の要件も満たしていたのですが、非営利型一般財団法人を選択したのです。

　ところで、公益財団法人に関しては、法人税は公益財団法人の公益性に着目して、非収益事業から生じた利子・配当等のすべての法人所得は非課税となっています。

　ところが、国は公益法人制度改革関連3法改正に伴って、非営利型一般財団法人の非収益事業から生じた利子・配当等所得に対して源泉所得税を徴収して、法人税の税額からも控除を認めずに取り切りにしたのです。なぜかと言えば、３法改正に伴って行った法人税法・所得税法の法改正を意図的に不合理な形で行ったためです。

　国側の理屈を追究していくと「文理主義」とか「統治行為論」であったり税の解釈に関

するご都合主義であったり、さらには憲法無視の思想が見えてきます。非営利型の一般法人は、法人税は非課税であるが利子・配当に対して源泉徴収している税金は所得税法に基づく所得税だから、同財団の利子・配当所得は非課税でないという論理です。

法人税の原則は総合課税ですから、例えば株式会社の利子・配当への源泉徴収分の税金は、1年に1回、確定申告時にその会社が黒字で法人税を払うときは源泉税額を引いた残額を払えばよく、その会社が赤字だったら源泉で取られた税金は還付されて戻ってきます。結果として、実質非課税となります。

国税庁所管の省庁大学校である税務大学が公開している論文に税の原則が記述されていますが、その一つが「平等と公平負担の原則」です。税はみなさんから平等に取っていますから、あなただけ例外にはできませんよ、という原則です。この原則に則れば、同財団の法人税も株式会社と同様に利子・配当の源泉税は決算期が終わったら還付されて戻ってくるはずです。

ですから最初の年と2年目は、単純にその源泉税額を還付してくださいと申告したらダメです、と国税局から言われました。平等・公平の原則に則れば、非営利型一般財団法人も株式会社と同じく法人税は総合課税で税金が取られるべきです。しかも非営利型法人税はゼロで、すでに源泉で取られたものは戻ってくるはずだからです。

それでは、と3年目は還付申告でなく確定申告を行ったところ、今度は懲罰的な行政処分を受けました。過少申告による追徴税を取られたのです。後で知ったのですが、公益法人の非課税収入は確定申告する仕組みになっていないのだそうです。本来、税金を払わなくていいためです。ですから、私たちが行える確定申告は収益事業に関してのみ記載しないといけないので、非収益事業での所得税を還付する目的で確定申告書に書くと過少申告になるらしいのです（申しわけないですが、税当局が言っている理屈が理解できないので上手に伝えられません）。

要は、このルールでは、非営利型の一般財団法人が源泉徴収されてしまった場合に、それを還付させる手立てがありません。

では試しに、と確定申告を2枚提出してみました。非収益事業の確定申告書と収益事業の確定申告書を提出して、余分に源泉徴収されている分を還付するように要請したわけです。すると税当局は、二つの確定申告書のうちの一つである非収益事業の申告書を「非収益事業の確定申告は無効である」という通知書をよこして、受け取りを拒否しました。税当局は同財団には総合課税で税金を取ってくれないのです。

それならば、非収益事業で税金を取られないようにするために、一般財団法人をやめて公益法人になればいいではないか、との指摘もあります。

ところが公益法人になると、今度は収支相償という基準が適用されて、入ってきた収益はすべて使い切らなければならなくなります。つまり収益はすべて年度内で使い切らなければならないのです。そしてこの原則に従わなかった場合は、解散させられた上に財産が没収されてしまいます。

実際に公益法人を選んだ知人がいますが、もう箸の上げ下ろしからうるさい様子です。遊休資産があるとダメだと言われたり、評議員の選び方や催し物についても相当に監督が厳しかったり、とのことです。そしてふた言目には「本来課税すべきものを非課税にしているのだからな」と言われるそうです。

財団の財産を収奪する国家

さすがに、この思想はおかしい。戦前から続いてきた民法では、先進資本主義におけるファンデーションという概念や理念が生かされているにもかかわらず、新しい公益法人法ではその権利が剥奪されています。

ここには、「『公』のことは自分たち官が裁定するのであり、おまえたちは昔の民法で許された存在でたまたま今も存続させられているけれども、近い将来なくなれよ」という思惑が根底にうかがえます。

私たちからは何もかもを吐き出させて国に集めて、自分たちが配る、という中央集権的公権力至上主義の思想の存在を感じます。

一方、資本主義国家のアメリカでは多少行き過ぎの面もあるとはいえ、ロックフェラー財団やカーネギー財団などのファンデーションがあり、アメリカの政治や経済において民間の公益活動の存在意義を認められています。

裁判では公益法人制度改革関連３法の改正や所得税法改正が違憲であるという主張も、非営利型一般財団法人だけが総合課税で徴税されないのは税の平等・公正原則に反して憲法違反であるという主張もすべて退けられました。

資本主義の看板を掲げても、実質は中央集権国家の日本ではファンデーションは不必要と考えられているので裁判は負け続けています。一連の法改正が国会で議決されたのだから、憲法違反かどうかなど余計な詮索をするな、という国側の主張を全面的に裁判所が支持したのです。

特に税法については、国が統治者として専門的に十分な情報をもとに国家の統治の観点から判断した結論を出したので、それに対しては、最高裁であっても司法がその是非を判断するべきでないと財務省は主張します。

これを「統治行為論」といいます。この統治行為論なる考え方が日本国に存在し、現実に当財団の裁判の判決で裁判所が法律の改正について憲法違反の審理に踏み込まないで法律が正しい大前提で判決を出したことをもって、私は、日本は三権分立ではないのだと思いました。裁判官も官僚です。この国は実質、官僚に統治されていると嫌というほど思い知らされたのが、この統治行為論です。

前節でも記述しましたが、日本の為政者（政治家と官僚と思っていいでしょうが）は、この国をマネージしているのではなく、日本人を統治していると考えていると思います。ですから、統治行為論の思想が蔓延《はびこ》っているのです。当然の帰結として日本はマネジメント不在の国家となっているのです。

善政の要諦

私は、善政、すなわち、あるべき国家経営の要諦が二つあると考えます。

一つが国民的視点での富の再配分の最適化です。国家が税金等で国民から富を吸い上げて、弱者や高齢者へ再配分することは、民主主義国家では、その政体を安定させて、持続可能性を保つために必要なことです。しかしながら、日本は自由主義国である限り、その吸い上げ方や負担の公正さがとても大切です。日本は社会主義や共産主義でなく自由主義・資本主義の国なのですから。取れるところから取ればいいわけではないのです。この再配分のために国民から富を国家が吸い上げるのを「税金を取る」と言います。税は国家経営の根幹であると言っても過言でない理由です。

一方、それをどう使うかも重大なことです。国の収入のすべてが弱者や高齢者への再配分のために使われるのではないからです。いや、それよりも国としての国力を上げる、国富を増やすための投資も国費の使途として重要なものであります。公共工事事業が良い例でしょう。

二つ目が国益の最大化、国富の最大化です。ですから国家をマネージすることが肝要なのです。国家経営とは国民を統治すること、もしくは富の再配分をすることだけではないのです。どうしたら日本の産業の国際競争力が上がるのかとか、どうしたら国土の保全を高められるかなど、どう国費（税金で集めたお金）を使ったら、日本人の生活が良くなるのか等々、国民が豊かになることや日本の国際競争力を上げることが国富の最大化の最重要テーマでなければなりません。

租税立法の根拠を憲法でなく国民総意とする国側主張

私はこれまで、中央集権と官僚制に対する局地戦とも言える裁判をいくつも闘ってきました。

しかし、全敗です。なぜ、これほどまでに官僚に権力があるのか、とひしひしと感じています。前述しましたが、この国は三権分立でなく、官僚制国家だからなのでしょう。

最近、よく争っているのはいくつかの法律の憲法違反についてです。

今どきの国会議員は議員立法作成さえもできる力がありません。ほとんど官僚が作っているのです。それらは内閣提出法案という形で出されてきます。官僚自身が自分たちのために作った法ばかりですが、それらはよく読めばことごとく憲法違反となり得ます。

ところが、国会議員には使命と責任を果たしていない人たちが多いためなのか、すんなり通してしまっています。

ですから、この国の実質的な権力は官僚が持っているとわかります。

権力とは何でしょうか。少なくとも日本では三権分立の思想が採用されているはずですが、現実には成り立っていません。何しろ裁判官が官僚と同族だからです。その極端なものが前述の統治行為論という考え方です。そして統治行為論を税法に関する憲法違反事案まで持ち出してきて裁判官は裁定することを放棄してしまいます。

しかし、このことの奇妙さに気付いている人がいません。多分日本で気付いているのはほとんどいないのだと思います。国民の皆さんは静かです。

この裁判を起こしたときの国側の反論書の内容は実に腹立たしいものでしたので少し引用します。

「租税は国家がその課税権に基づき特別の給付に対する反対給付としてでなく、その経費に充てるための資金を調達する目的をもって一定の要件に該当するすべてのものに課す金銭給付であるが、およそ民主主義国家にあっては国家の維持及び活動に必要な経費は主権者たる国民が共同の費用として代表者を通じて定めるところにより自ら負担すべきものであり、我が国の憲法もかかる見地のもとに国民がその総意を反映する租税立法に基づいて納税の義務を負うことを定め（以降略）」

もっともらしく主張していますが、憲法には書かれていないことが書かれています。

憲法には納税の義務については書かれていますが、なぜ国家権力が税金を徴収するのかについては書かれていません。それに国家とは何なのでしょうか。裁判の答弁書を書いた人に対して「あなたが国家なのですか？」と言いたくなります。

反論書の冒頭で「国家がその課税権に基づき」という前提を主張していますが、国家に課税権があることを担保しているのは憲法30条です。そこから主張を始めなければなりません。そして次の文言が続いていました。

「特別の給付に対する反対給付としてではなく、その経費に充てるための資金を調達する目的をもって一定の要件に該当するすべてのものに対する金銭給付であるが（以降略）」

彼らはこのようなわかりにくい言い回しが得意です。「特別の給付に対する（略）その経費に充てるための資金を調達する目的をもって」とは、国家が金を使うために税金を取る権利が国家にあるのだと平然と述べているわけです。

そして「およそ民主主義国家にあっては国家の維持及び活動に必要な経費は主権者たる国民が共同の費用として代表者を通じて定めるところにより自ら負担すべきものであり」とは、民主主義国家では国家が経費として使う費用の負担は国民が負担するものであることが、国民の代表者が国会で決めたのだから、あなたたちが負担しなさい、と言っているわけです。

だから国家とは誰なのか、どのように使うのか、なぜ使う必要があるのか、そしてなぜ、これほどの税を取られるのか、という疑問が生じるわけです。

そして最後の「かかる見地のもとに国民がその総意を反映する租税立法に基づいて納税の義務を負うことを定め」とは、国会で法律さえ作れば、それは国民の総意なのだから、その課税が、憲法上問題があろうとも、納税の義務を負うのだ、と主張しているわけです。憲法第84条の租税立法主義を都合よく解釈しています。

つまり納税の義務は憲法30条ではなくて、国民の総意だという前提になっているのです。しかし、法律を作れば納税の義務が生じるのではなくて、その法律は憲法違反にならないように作らないといけない、と第84条には書いてあるのではないでしょうか。

また、税金とは「所得の再配分資源の適正配分経営景気の調整を有しており」と主張していますが、その配分の在り方、経済政策の在り方は誰が決めるのでしょうか。そして、それは国民の総意なのでしょうか。官僚と一部の政治家でそれを決定している現状を鑑みるに実に腹立たしい言い分です。

さらに「租税を定めるについて財政経済、社会政策等の国策全般から総合的な政策判断を必要とするばかりではなく課税要件を定めるについて極めて専門技術的な判断を要することも明らかである」と述べていますが、国会議員がそのような専門技術的な判断をできるのでしょうか。法律は官僚が作っているという彼らの本音がうかがえます。

勉強を怠っている国会議員たちが多過ぎます。特に税について財務省の官僚と互角にやり合える国会の先生がほとんどいなくなりました。だから、国民が選んだわけではない官僚たちに決められてしまうのです。

国家経営には複式簿記によるバランスシート分析を

国家経営において、財政のマネジメントは非常に重要な役割を担っています。会社であれば、財務部門が経営戦略に基づいて資金の調達と配分を行います。

しかし、日本の国家財政では、財務省が強大な権力を持ち、経営戦略よりも財務の制約が優先されているように見えます。

財務とは、単なる資金繰りではありません。本来、財務諸表であるバランスシート（B／S：貸借対照表）とプロフィット＆ロス（P／L：損益計算書）に基づいて物事を考えなければなりません。

ところが、国や公的機関は単式簿記を採用しており、経営には不向きです。国の借金がいくらあるかという議論も、お小遣い帳や出納帳レベルの話に過ぎません。本当に建設的な議論をするためには、国家のバランスシートを見る必要があります。

さらに問題なのは、国家財政の帳簿が複数存在することです。一般会計、特別会計、基金など、国民の知らないところで様々な帳簿が存在しています。これらを一つの帳面にまとめて分析することが求められますが、そのような試みはこれまでなされていないと思います。

また、国家財政の基軸である円についても、理解が不足しています。日本銀行のＢ／ＳやＰ／Ｌは、一般企業とは異なる特殊な構造を持っています。日本銀行は信用創造によって、持っていないお金を生み出すことができます。また国債を引き受けることで信用創造を行い、円を社会に供給することができます。その仕組みは非常に複雑で、専門家でも解釈が難しいのが現状です。

国家経営には、経済学的・経営学的な知見に基づいた財政マネジメントが不可欠です。しかし、現在の日本では、特定の勢力が自らの都合で財政の議論を歪めています。

本来、国家財政の議論は、新規投資の必要性や借金の返済計画、資産売却による債務縮小など、株式会社の経営と同じような観点で行われるべきです。しかし、現状では、そのような本質的な議論よりも、特定の政策の実施を正当化するための財務省目線の財源論に終始する歪んだ議論が横行しています。

コロナ対策で投じられた１００兆円の使途についても、ベストパフォーマンスを追求する視点が欠けています。そして、それを検証する仕組みもないまま、事態は悪化の一途をたどっているのです。

国家財政のマネジメントには、経営者の視点が不可欠です。単式簿記から複式簿記へ、お小遣い帳レベルの議論から本格的なバランスシート分析へ。そして、特定の勢力の都合ではなく、国家経営の観点から財政を見直すことが必須です。

これらの変革なくして、日本の財政問題の解決は難しいでしょう。一人でも多くの国民が、この問題の重要性を認識し、既存概念（それは洗脳されたものかもしれません）に囚《とら》われない議論を促していく必要があります。

税と社会保障は別々に論じられるべきではない。全体最適の視点が必要

「国民負担」という言葉が登場したのは、年金制度の行き詰まりが明らかになった頃からです。税金と年金を一括りにして国民負担という概念で捉えることで、国民の支払い義務を強調する論調が生まれました。

とはいえ、税金と年金では法的な根拠が異なります。

年金は国家との社会保険契約に基づくものであり、その契約を義務付けているのは法律です。しかし具体的な納付額は法律ではなく社会保障審議会が決定しています。

問題は、社会保障審議会が国家経営の観点から年金制度を審議していないことです。

現在の年金制度は、少子高齢化が進む中で破綻が避けられない状況にあります。本来であれば、年金の持続可能性を高めるための抜本的な改革が必要ですが、現状では納付額の

引き上げや支給開始年齢の繰り上げなど小手先の対策で破綻を先送りしているに過ぎません。

国家経営において、税収と社会保障は車の両輪のようなものです。しかし、日本では財務省と厚生労働省がそれぞれ独自の論理で制度を運営しており、全体最適の視点が欠けています。

さらに、総務省と自治体が絡む地方税の問題もあります。地方税の中には、その存在意義を説明できないものも少なくありません。例えば、ゴルフ場利用税は、ゴルフが贅沢品であるという古い発想に基づいて課税されていますが、今やゴルフはオリンピック競技にも採用されているスポーツです。なぜゴルフだけが特別な扱いを受けるのでしょうか。

総務省の言い分は、地方自治体の財源として確保する必要があるのです。国民に税負担を強いるのであれば、課税を正当化する然るべき論理が必要です。多くの地方税に、それを正当化する然るべき論理は存在しません。

これらの問題の根底には、国家経営におけるマネジメントの欠如があります。税金にせよ社会保険料にせよ、なぜ国民が負担しなければならないのか、その根拠を明確にした上で制度設計と法整備がなされるべきです。そして、財務省、厚生労働省、総務省を内閣総理大臣が内閣を指揮して、国家経営の視点に立って、最適な制度を構築していくべきです。

国民負担を巡る議論は、単なる負担増の是非を問うものであってはなりません。国家の持続可能性を高め、国民の納得が得られる制度をつくり上げるためには、マネジメントの視点に立った抜本的な改革が不可欠です。

政治家や官僚、専門家が一丸となって、この問題に取り組んでいかなければならないでしょう。同時に、国民一人ひとりも国家経営の主体であるという意識を持ち、議論に参加していくことが重要です。

国家権力による徴税が正当化されるのは、過度の不平等を防ぐため

日本という国家は東京の中央集権的な官僚国家であり、地方にはその負の影響が及んでいます。そもそも、現在の国民国家という枠組みは、18世紀から20世紀にかけての約300年の間に形成された概念です。英語で言えば、「nation」という言葉で表現されます。

国を意味する英語には他に、country、nation、stateなどがあります。そこに住む人々はcountryであれば民衆（people）、nationであれば国民（nation）、王国（kingdomもしくはempire）であれば臣民（subject）などと呼ばれます。民主主義社会では、主権者はcitizenと呼ばれることが一般的です。

民主主義の原点は、古代ギリシャの都市国家に遡ります。リンカーンのゲティスバーグ演説では、“government of the people, by the people, for the people”という言葉が使われています。ここでの“people”こそが、民主主義の本質を表しているのです。

country は、ふるさとや故郷といった意味合いが強いのかもしれませんが、アメリカ人は、“I come from Texas”と言うように、テキサスは故郷より「state」の意味合いが強いのです。日本人は「Texas state」をテキサス州と呼びますが、アメリカの「state」は州より国に近いものです。

私は、世界全体が国民国家（nation）という枠組みで成立しているという前提を基に、それを体現しているのが国連だと考えています。しかし、国連は戦勝国中心の組織であり、日本はいまだに敗戦国の立場に置かれています。

そもそも、nation の定義自体が、都合の良いようにつくられてきた面があります。領土がなくても nation たり得るかもしれませんが、今は認められていません。現在、nation を破壊しようとする動きがあるのは事実です。

nation を嫌う人々の代表は、ユダヤ人だと言えるでしょう。nation が民族や宗教に紐付いていることが多いため、流浪の民であったユダヤ人は多くの nation で迫害の対象となってきたのです。ですから nation という枠組みを嫌います。

余談ですが、ユダヤ人も、シオニストとそうでない人とがいます。それぞれのユダヤ人はまったく異なる思想や国家観を持っています。また、マルキスト、特にアナキストはnationを認めません。世界革命後の世界には国家という枠組みは存在しないからです。

21世紀になっても、私たち人類は無意識のうちにマルクスの影響を受け続けています。例えば資本主義という言葉自体、マルクスがつくり出したものです。マルクスが唱えた「搾取」という概念は、人類にとって一つの真理なのかもしれません。誰かが他者から不当に富を奪っている状況を、マルクスは搾取と呼びました。取る側からすれば当然の対価かもしれませんが、取られる側からすれば搾取に他なりません。国家間でこれが行われれば、植民地支配や収奪になるのです。

農耕民族の時代には、平等に働き、平等に分配することで搾取や収奪はありませんでした。しかし、そこに支配者が現れ、年貢を取るようになると、それは搾取なのか、統治者としての当然の権利なのか、議論が分かれるところです。

民主主義国家であっても、税金は一種の収奪や搾取と言えるかもしれません。国家権力によるこの行為が正当化されるのは、過度の不平等を防ぐためです。国土維持のコストの個人負担分の意味もあります。富の一定の再分配は、統治者にとって当然の役割だと考えられています。

問題は、その程度が最低限にとどめられているかどうかです。多くを取れば取るほどよいと考えるのは、日本の中央集権的な発想の表れでしょう。自分が多くを取り、公平に分配してやる、という思い上がりがあるのです。

一方で、リバタリアン的な考え方では、国家権力はできる限り小さくあるべきだと主張します。私はこれにくみするものではありません。優勝劣敗では富が偏在し過ぎて、機会平等社会が崩壊してしまいます。

統治から経営へ

日本人に希薄な権力概念と政治家への諦観

私たちは何気なく「権力」という言葉を使っています。この言葉は使う状況によっても意味が変わってきます。例えば「この会社で権力を握っているのは社長ではなく会長だ」とか、「我が家で権力を握っているのは妻ですよ」などとも使います。

日本人には権力という概念が希薄です。

この国の権力者というと、何となく政治家を思い浮かべてしまうかもしれませんが、実際は政治家で権力を持っている人など今はいません。昔はいました。でも今の政治家は権力というレベルの力を持っている人はいないと思います。唯一の権力が総理大臣の人事権ぐらいのものでしょう。

岸田前首相には権力はないが麻生太郎前副総裁には権力がありそうだとか、それより茂木敏充前幹事長だとか、木原誠二前幹事長代理だなどと、権力イコール政治力だと思っている人が多いです。しかし権力と政治力は微妙に違います。

このように、誰が権力を持っているのか曖昧なことが日本の問題だと思います。政府の政策は官僚が決めているのだろうとも思っている人も多いはずです。立法は政治家の仕事であると思っている人は意外と多いと思います。多くの日本人が永田町（政治家）と霞が関（官僚）の関係が「そんなものだ」と思っているのです。

ここで考えなければならないのは、誰が権力を持っているかではなく、誰が権力を行使しているのかということです。

日本の為政で権力、特に行政権力を行使しているのは官僚です。ですから官僚が権力を持っていると言っていいかもしれません。

この官僚の権力の行使に強い影響を与えているのが、「グローバリスト」だと思います。そういう点では、闇の権力者は、彼の国とそれに繋がるグローバリストかもしれません。

教科書的な国民主権などは、建前でないかと思います。確かに国民が選挙を通じて国会議員を選んでいます。そして、その国会議員の中から総理大臣が選ばれ内閣を組織します。

しかし、選ばれた国会議員たちが、国民の代表として立法を行い、内閣が政策を行っているかというと、多くの人はそう思っていないのです。

それでは英語では権力を何と言っているでしょうか。

ずばり「パワー（power）」です。とてもわかりやすくなりますね。

パワーであれば、武のパワー、金のパワー、権限のパワー、権威のパワー。

今の世の中では武のパワーは意味をなしません。金のパワーはもっとも強そうですが、実は限定的でオールマイティではありません。すると、権限のパワーがもっとも強いパワーとなります。


そしてもう一つ怖いのが、権威のパワーです。最近はあまり使われませんが、昔はマスコミのことを「第3権力」などと呼んでいました。そして、今でもマスコミの力は巨大です。ネットのプラットフォームも力を付けてきています。今でも世論を形成しているのはマスコミです。最近のマスコミ関係者に第3権力としての自覚と責任感が乏しいことは残念なことです。

国家もマネジメントすべき。「国家経営」の概念を

私は国家もまた経営されるべきであると考えています。

しかし、現在の日本において、国家が経営されるべきという意識を持つ国民は少ないでしょう。

一般的には、国家は政治家によって運営や統治をされていると捉えられがちです。ここに問題の原点があると私は考えています。

政治学の用語を使えば、国家経営は立法権と行政権を関連付けて行使することで実行されます。しかし、日本語では「国家経営」という概念が忘れ去られつつあり、単なる立法行為と行政行為となっています。ついでですが、国家経営においては政治と経済を分けるのはおかしく、経世済民で一体としてマネジメントされるべきなのです。

日本の国家経営は、表向き政治家が行っているように見えますが、実際には官僚が主導しています。立法も官僚が行い、法の執行、つまり行政権の行使も官僚が行っています。日本の国家経営には明確な方針や戦略が欠けており、責任ある立場の人々が日本のことを考えて行動しているとは思えません。例えば、日米関係やカーボンニュートラルの問題にしても、政府の方針はアメリカの意向に沿ったものに過ぎず、官僚がそれを具体的に実行しているだけのように見えます。

民間セクターも事情は同じです。経団連は諮問会議や最低賃金の議論を通じて、マスコミと連携しながら世論形成に関与しています。また、近しい政治家に働き掛けて政府の方針に自らの意向を織り込むこともあります。

国家経営の主体とは

小泉内閣による郵政民営化と規制緩和以降、日本経済は大きく変化しました。近年の経団連もグローバリズムの色彩を強め、ＳＤＧｓやカーボンニュートラルを標榜する一方で、短期的な期間損益を優先する傾向が見られます。

問題は、経団連のメンバーが大企業の経営者たちであることから、彼らがパワーを持っていると誤解されている点です。一方、自己認識においても勘違いしている人が散見されます。実際には、彼らは資本主義における資本の奴隷に過ぎません。そして、官僚に実質的な権力を握られた政治家が、経団連との緩やかな結び付きを利用して国家を動かしている、と私には見えます。

政府は何かあれば経団連と連合の意見が、日本全体の意見だとして政策を作ります。日本全体の意見ではないことは周知のことです。

国家経営においては、議論の後にコンセンサスを得た方針と戦略の下、政治家と官僚、経済人が一丸となって取り組むことが重要です。しかし、現在の日本ではそれが実現できていません。国民一人ひとりが国家経営の主体であるという認識とその人なりの実践なくしては日本の国家は経営されないまま、漂い続けるでしょう。

日本の税制の特異性と国債のマネジメントの重要性

税金の徴収方法に目を向けると、日本は先進国の中でも特異な存在であることがわかります。

源泉徴収制度は、日本以外の先進国ではほとんど見られません。この制度の合憲性については、過去に裁判で争われたこともありますが、最終的には合憲とする判断が下されています。

一方、消費税については、実質的には売上税であり、法人税の一種です。国会答弁でも、鈴木俊一前財務大臣が消費税は、財務省内で第2法人税と呼ばれている直接税であることを認めています（※1）。

※1 YouTube（https://www.youtube.com/watch?v=20aihaChdos）

消費税の課税対象は企業であり、個人消費者ではありません。このことは、例えば賃貸住宅の家賃の場合で言えば、個人が借りる場合は非課税、法人が借りる場合は課税となります。

ちなみに年金についても、税金と同じように源泉徴収されていることを忘れないでください。

さらに、国家経営の観点からすれば、収入をどのように使うかというマネジメントが重要ですが、実態としてはそこに焦点が当てられていません。いろいろな形で税金や社会保険料が自動的に入ってくるから、安易に使うのでしょう。

信用創造とは何か

財政論を議論する上で、国債の扱いは重要なポイントの一つです。

国債を日本銀行が引き受けている部分については、MMT（現代貨幣理論）の観点からは、国債の発行は貨幣の発行記録に過ぎないと解釈されます。この考え方では、国債は貨幣発行の担保であり、例えば1万円札そのものが借用書だと捉えられています。税金として徴収された資金で国債が返還されれば、お金がこの世から消えてしまうという仕組みになっています。

ただし、このような理論は一般の人にはなじみが薄いものです。本書では、これらの詳細な議論は割愛し、本題に沿った内容に絞ることとします。

ここで重要なのは、「信用創造」の本質的な意味を理解することです。

一般的に、銀行の貸し出しが信用創造だと説明されることが多いのですが、本来の信用創造とは、経済主体同士が信用し合い、時間軸に沿って生産活動に繋げていくことを指します。

具体例を挙げれば、Ａさんが農地を、Ｂさんが作物の種を、Ｃさんが農機具を持っているとします。この３人が何もそこにある可能性について語らなければ何も起こりません。しかし、もし、この３人が互いを信用して、３つのリソースを提供し合い、一定の時間経過の後に得られる収穫物を分け合うことに合意し、実行する。これが本源的な信用創造の意味です。

読者の皆さんにはおわかりのように、この信用創造の結果としてＡさん、Ｂさん、Ｃさんは農産物を手に入れることができるのです。

適度な信用創造は経済の活性化に寄与しますが、行き過ぎは危険です。企業経営でも、営業キャッシュフローが利払いを下回ったり、債務超過に陥ったりすれば、倒産のリスクが高まります。また逆も真です。１９８９年からの三重野康日銀総裁の極端な金融引き締めが日本衰退のきっかけだったことを思い出してください。

現在の日本の状況を見ると、債権者の多くが日本国内にいること、日本銀行が国債を引き受けていることなどから、すぐに危機的な状況に陥るとは考えにくいでしょう。とはいえ、Ｐ／Ｌ、Ｂ／Ｓのような経営上、必要な数字を正確に把握し、適切にマネジメントしていくことは不可欠です。

国家経営において、プライマリーバランスの是非、そして税制や社会保障制度の在り方など難題が多いですが、この国が存続するためには避けて通ることはできません。

国民にもっと関心を持ってほしいです。

変化に対応できない日本の硬直化した社会システム

コロナ禍という未曽有の事態によって、日本社会の様々な問題点が浮き彫りになりました。

私がまず感じたのは、この国の社会システムとそれを裏付けている国民性の問題です。この現状を冷徹に認識すれば将来に対する不安感を強く覚えずにはいられません。

日本の社会システムは、平時においては非常に完成度が高いと言えます。政府だけでなく、経団連や日本商工会議所、各種協会など、様々な組織が役所と連携して機能しています。

しかし、その仕組みは「変化」を前提としていません。自己変革機能が組み込まれていないのです。ですから、組織の自己保存意識が働いて変化に対して能動的な対応ができません。

この問題は、コロナ禍以前から認識されていました。日本社会は、変化に対応するのではなく、対症的に対応し、根幹の問題は先送りすることでやってきたのです。グローバリズムや規制緩和といった掛け声の下で改革ごっこやグローバルスタンダードの妄信的採用では、本質的な改革が実現できていないことが、その証左と言えるでしょう。

また、東日本大震災や熊本地震、能登半島地震など、ここ10年の間にも非常事態は発生していました。それらに対する為政者の対応の拙さは、私たち国民の目に明らかでした。

一方、日本人の優秀性を過剰に称賛するコンテンツがＳＮＳ上で流行するなど、不可解な現象も見られました。

歴史を振り返ると、選民意識を持った民族ほど、その傲慢さ故に打ちのめされてきました。現在、選民意識を持ちながらも強者であり続けているのは、ユダヤ人とアングロサクソンぐらいでしょう。彼らは巧みに選民意識を隠しながら、世界を牛耳っているのです。

日本人にも選民意識はあると思います。「大和民族」という考え方がその象徴です。大和民族選民思想で日本人は痛い目に遭ったので、もう、この選民意識を振りかざして外国に対して過激な行動には出ないと思われます。

しかし、自分たちの優れているところを正しく認識することは大切です。

やはり、この国の現状が好ましいものとは思えないのは、日本人が自分たちのことを知らないからではないでしょうか。

先行きについても危機感を持って対応すべきです。でも、危機感を持っている日本人が少な過ぎます。

私たちは、この現実を直視しなければなりません。日本社会の歪みを正すためには、社会システムの抜本的な改革が必要です。為政者には、自らを変革する勇気と決断力が求められます。民間のリーダーたちも真のリーダーシップを発揮しないといけません。国民一人ひとりは自己満足的な選民意識から脱却し、冷徹に現実を、自分を見直す必要があります。

敢えて悲観論を提示します。例えば、為政者の構成要素の一つである、政治家は変われるのでしょうか。

日本は民主主義国家ですから、普通選挙で国民の代表たる国会議員を選び、そして議院内閣制ですので、議員が選んだ総理大臣が内閣を組織し、行政権者となります。為政者が自ら変革する勇気と決断力を持っても国民が望まなければ国会議員になれません。政権を握っている政党の中で変革を求めれば、総理大臣どころか党や政府の要職にも就けません。これが現実です。

地方自治についても同じです。道民と県民の皆さん、真剣に知事を選んでいますか。県議会議員選挙を大切なこととして、対応していますか。市民や町民の皆さんにも同じ問いかけをさせていただきます。

もう一つの構成要素である官僚はどうでしょうか。彼らはエリートです。優秀です。それだけに、簡単に自ら変わることは難しいわけです。ちなみに、官僚は県庁にも市役所にもいることを忘れないでください。〝言うは易く行うは難し〟なのです。

第6章

日本の劣化とサラリーマンの劣化

リーダーの不在とサラリーマンの劣化

日本の歴史を振り返ると、豊臣秀吉のキリスト教政策や徳川幕府の鎖国政策は国家防衛の観点から見れば戦略的な判断だったと言えるでしょう。キリスト教を認めず、敢えて農本主義を貫き、西洋列強に付け入る隙を与えず国を守ったことで、日本は独立を保つことができました。

黒船来航という危機の際にも、日本人は分断されることなく、植民地化を免れました。しかし、その後の日本の歩みは決して順調ではありませんでした。太平洋戦争への突入など、重大な意思決定が合理的なプロセスを経ずに行われてきたのです。この150年の間に、日本のリーダーとかトップと呼ぶ指導者たちは幾度か失敗を犯しました。

その一方で、日本には偉大なリーダーや、国際水準でも劣らない先駆者も輩出し、彼らを支える有為な人材が多く存在してきたことも事実です。

戦後の高度成長期には、政治家では池田勇人や田中角栄、経済界では松下幸之助、井深大、本田宗一郎らが然るべき結果を出しています。彼らには、その周りで支え、共に働いた多くの人々がいました。その他リーダーや先駆者は枚挙にいとまがありません。そして、彼らにも彼らを支えた人々がいました。

つまり、リーダーや先駆者だけでなく、日本には多くの有為な人材がいたからこそ、日本は発展を遂げてこられたのです。敢えて言っておきます。数名の天才的イノベーターが今の日本の礎を作った訳ではないのです。

さて、リーダーは、ボスとは異なる存在だそうです。ボスの役目はその集団を統率し、主たる役目は役割分担を決定し、利益の配分を決定することです。

そうであれば、リーダーとはその集団が特に外部環境との関連でどうあるべきかについて指導的立場を務め、その集団をまとめ上げ、一定の方向に先導する役割を担うもの、と定義するのだそうです。

「トップ」という言葉はボス的存在が第一義的にありますが、その集団が置かれている環境に対して時間軸的にも存続可能性を獲得するためには、リーダー的存在でなければなりません。つまり、リーダーシップがトップにも求められます。

日本の政治風土では、外敵の脅威が常時存在せぬ島国であったため、ボス的トップが多数派であり、リーダー的トップは少なかったと思います。

前出の田中角栄はロッキード事件などもあり、一般的なイメージは悪いですが、経営者である私から見れば、国家経営の手腕は一流の政治家ですし、外交というか国際関係でも、日中国交回復に見るようにリーダーシップを発揮していると思います。

経済においては、戦後多くの先駆者が輩出しました。あまたの先駆者の中で松下幸之助さんが一番象徴的ですので、少し言及させていただきます。

同氏はエジソンのような偉大な発明家ではありません。同氏が発案し、製品化し、日本人の生活を改善し、松下電器、松下電工の発展の基礎をつくったのは「二股ソケット」と「砲弾型電池ランプ」から始まり、電気アイロン、乾電池など様々な家電製品です。松下電器の作る、一般庶民でも手が届く価格の家電製品が日本人の生活を豊かなものにしていきました。

同氏がリーダーと呼ばれるに値するのは、松下電器というメーカーの経営者の手腕が天才級であるからです。時代を先読みし、社員やその他の経営資源を上手にマネージして、他社にできない製品を世の中に出して会社を大きく強くしていった。そして、滞ることなくリスクを取って新しいものに投資し続けた。これが、私の考える松下幸之助さんの凄さです。

そして、その頃の日本には大中小のこのような会社がいっぱいありました。残念ながら、今はないと言っても過言ではないでしょう。

戦後復興と経済発展を支えたサラリーマン

戦後の日本の会社の凄さには、もう一つの重要なポイントがあります。それはその創業者や社長を支えた有為な役員や社員の存在です。今でもそうですが、その人たちを「サラリーマン」と呼びます。まず、サラリーマンは英語でなく、そういう人種も西欧にはいないことは皆さんご存じかと思います。

前述したように、日本戦後復興と経済発展は日本社会の特性が要因であったと思います。働くことを美徳とする勤勉さや、日本的雇用慣行に裏付けられた組織に対する忠誠心の高さ、歴史的な道徳教育で構築された道義心の高い日本人、道徳の水準が高い日本社会などです。その中で、松下幸之助や本田宗一郎のような先駆者が輩出され、政治においても池田勇人が所得倍増を、田中角栄が列島改造論を持ち出して日本を先導したことで、日本の復興と躍進が実現したのは間違いありません。

ここで強調すべきは、その先駆者や先導者を支えた有為な人材がいたこと、しかもその人材の層が西欧的社会と比べ物にならないレベルで高く、厚かったこと、そして実際工場などの現場で働く人たちが、マルクスの定義するところのプロレタリアートではなかったことです。

私は、その人たちすべてが世界の他にないサラリーマンというカテゴリーに属する種類の人材だったと考えています。経営者になる前の私は、サラリーマンは和製英語で、欧米ではbusinessmanと呼ぶと習ったので、サラリーマンという人種のイメージはあまり良くありませんでした。私自身、8年間サラリーマンをやっていたのですが、その時でさえ、日本固有の人材の存在価値を理解できていませんでした。

欧米では、workerと、そのworkerを使役する階層の人々が最初から大体分かれているものです。その上の階層の人をbusinessman及びexecutiveと呼称し、その上にmanagementが存在するというイメージで組織の構造が成立しています。そして、上の層の人がもらう報酬が月給か年俸で、それをサラリー、annual salaryと呼びます。workerがもらう報酬はpayとかwageとか呼んで、大概週給です。

以上の賃金・報酬面から見ても、日本の組織の特殊性、サラリーマンという労働力、というより人材（あえて厳密に言えばヒューマンリソース）の特殊性について認識を改めていただけるのではないのかと思います。

西欧においては比較的早い時期で、executive以上の人にはstock optionなど多様な形で報酬が支払われるようになりました。日本企業でも、外国の株主のシェアが高く外国人が社長をやっている会社などは多様な報酬形態になっていますが、基本は、サラリーとして支給されています。

話を日本の戦後復興と経済発展に戻せば、トップの人たちを支えて世界に類のない成功を実現させたのは、サラリーマンの人々と言っていいと思います。またついでに言及すれば、そのトップのほとんどもサラリーマンです。内閣総理大臣も衆参議院議長も最高裁判所長官もサラリーマンです。民間企業の働き手だけでなく公的組織の働き手もサラリーマンです。

サラリーマンの劣化

これから少しだけ、日本のサラリーマン劣化の話をさせていただきます。

内閣総理大臣や衆参議院議長がサラリーマンだと書きましたが、実は彼らは、政治家です。同じ視点で見ればすべての国会議員がサラリーマンですが、彼らは政治家です。サラリーマンであっても、サラリーマン的であってはいけないポジションにある人です。このカテゴリーのサラリーマンをカテゴリーAとします。

そういう点で言えば、上場企業の社長を含む取締役で組織経営の執行者はサラリーマンでなく経営者であるべきです。当然、総理大臣も議長もサラリーマンであってはいけません。政治家でなければならないのです。マスコミ会社で働いている人も、報道部門にいたらサラリーマンであるべきではないでしょう。

逆に、最高裁判所長官のようなポジションがもう一つのカテゴリーBです。霞が関のすべての省の事務次官以下すべてのキャリアの人たちは、いかに偉くてもカテゴリーBのサラリーマンです。

特殊法人のトップもカテゴリーBです。株式会社でも、政府が一定の株式を所有していて実質的に支配権が政府にあるケースでは、そこのトップはカテゴリーBです。

世界で稀有なヒューマンリソースであるサラリーマン（カテゴリーAもBも）の劣化が日本の衰退をもたらしている、という自説を御披露します。

まず、カテゴリーBの劣化です。大手企業のサラリーマン、そして官僚、そしてほとんど月給とボーナスという形態で給与をもらっている日本の働き手の人々が、昔の働き手の人々より劣化しています。

当然、この時代による変質を劣化と呼ぶことに強い反発があるでしょうが、この30年で日本がこれだけ衰退したのは、働き手もしくはヒューマンリソースとしてのカテゴリーBのサラリーマンがパワーも質も落ちてしまったことが原因の一つであることは明白です。この変節を劣化と呼ばせていただきます。

昔のサラリーマンはモラルが高く「世のため、会社のため、子孫のため」に頑張るという誇りを持っていたと思います。今のサラリーマンは「今だけ、金だけ、自分だけ」といったイメージです。

もう一つの視点では、サラリーマンとしてのポジションを前提に仕事をしていても、サラリーマン的に仕事をしてはいけない責任を負っている肩書を持つ人（カテゴリーA）の変節です。リーダー、指導的立場にある人がカテゴリーBのサラリーマンの、しかも劣化した仕事しかしない状態が当たり前のようになってしまっていると思います。ひどい事例が政治家や大学の先生方や官僚やマスコミで働いている人たちです。

サラリーマン的であってはならない人々

ここでは経済に関わる分野について少し掘り下げます。

日本の株式会社は、株主だけのものではありませんでした。それが、株主だけのものとなって、配当の最大化と株価の最大化が経営トップに求められることになりました。

当然、経営の在り方は大きく変わりました。期間の損益、特にキャッシュフローを大きくすることが至上命題になりました。前述の通り、上場企業の社長はサラリーマンですが、カテゴリーB劣化版であってはいけません。

カテゴリーB劣化版とは、そのポジションに少しでも長くいようとする、より上のポジションに行こうとすることを目的化することです。そのポジションにいることは、会社のためになる高邁な目的を達成するための手段であるべきです。上のポジションに就こうとするのも同様です。

残念ながら、今の多くの大企業のトップは先駆的もしくは先導的な意識が乏しく、日本の経済界のリーダーと呼ぶに値する人がいないようです。

短期のキャッシュフローの最大化を優先し、昔の強くなっていった頃の大企業が重要視していた投資や基礎研究を含むR＆Dや社員教育や社会的責任などを彼らが打ち切った結果が、今の日本企業の競争力の低下と持続可能性の低下に繋がっていることは明白です。

このように、リーダーたるべきトップがカテゴリーB劣化版になれば、その組織の将来は危うくなることは、企業経営者の多くが理解しています。

しかし、現実は、日本の社会全体がそれで30年間やってきました。しかも私のように、それを日本人の劣化の問題として考える人間はマイノリティです。今から30年間分の歯車を逆に回すことが如何に大変かは容易に推測できます。

政治、つまり国家経営については、もっと悲観的です。例えば、岸田さんが日本を良くするために総理大臣になったのではないこと、そして岸田さんがやっていることは1日でも長く総理大臣の座にいられることのためであったことは、衆目の一致することです。もちろん、岸田さんだけではありません。多くの国会議員、多くの首長、多くの地方議会の議員も五十歩百歩です。

誰が衰退を招いたのか

このようなことを書いていると、日本中のエリートサラリーマンを敵に回すことになりますから、少しだけ浴びる火の粉の量を減らすためにレトリックを展開します。

日本は何故こうなってしまったのでしょうか。誰が悪いのでしょうか。

私は陰謀論者ですので、こうなってしまったのは、グローバリストの陰謀に嵌《はま》ったからです、と言います。

誰も悪くないのです。とはいえ、畢竟、日本の国民みんなが悪いとも言えます。

政治家がいい事例です。2回目の自公連立政権を12年間続けさせているのは国政選挙で彼らに票を入れている国民のマジョリティです。そして、歴代の自民党総裁を選んだ自民党の先生方、そして、彼らを選んだのも多くの自民党の支持者です。選挙に行かなかった多くの人たちも、自分たちを門外漢として、自民党支持者のせいにはできないのです。

プロパガンダに流されずに検証する

経済について簡単に触れれば、グローバルスタンダードを無批判に受け入れて、新自由主義経済学やマネタリズムが進んだ考えであり、構造改革や規制緩和や民営化で日本経済が良くなり、日本人が豊かになるという嘘に多くの日本人が簡単に洗脳されています。日本にとって実は不都合なバイアスのかかった世論形成に多くの国民が参画しているのです。もちろん多くの国民にそういう考えが正しいとする洗脳に手を貸す人々、それに異を唱えると陰謀者というラベリングをする人々の責任は大きいと思います。今のマスコミの偏向はひどすぎます。ＳＮＳでもファクトチェック名目の情報統制が限界を超えて、小説『１９８４』のレベルになっています。

政府もマスコミも自分たちに都合のいい学者や専門家だけを、委員会・審議会に呼んだりコメンテーターに使ったりするのをやめてほしいものです。

やはり日本国民が主体性を確立し、自分で情報を収集し、もっと勉強しないといけないと思います。間に合ってほしいものです。

いずれにしても、そろそろ、異論も陰謀論も、いろいろな意見をテーブルに乗せて、済んだことを済んだことにしないで、検証して、その結果を以て、いろいろなことを修正しないと日本の先行きは暗いままでしょう。

経済とは経世済民ではないのか

コロナ禍については、今までに多くのことを書きましたが、一つだけ残してある件を記します。今の日本においては、「経済」を語るときの「経済」と私の「経済」とはまったく異なるようだ、ということです。

ＧｏＴｏトラベルは、コロナ禍の経済対策として実施されましたが、私としては、ＧｏＴｏトラベルは観光・交通事業者への経済的支援策だと思っています。

コロナ禍で、日本の経済はダメージを受けたようになっていますが、本当にそうでしょうか。コロナ禍においてＧＤＰ（国内総生産）の伸びはマイナスでしたが、コロナ禍が終わって、その辺の経済指標は回復し、株価は史上最高をつけました。経済の調子がいいのは当然です、１００兆円もの国費を支出したのですから。しかも13兆円ものお金が国民に配られましたから、コロナ禍中こそ消費に向かいませんでしたが、コロナ禍が終われば、個人消費はそれなりに良くなります。

今の日本の永田町と霞が関と大手町の人々の行う経済政策で日本人が豊かになるとは、私には思えません。彼らが言う経済は「経世済民」、「経国済民」でなく経済インディケーターマネーゲームです。

社会保険料減免なし、凶作時に年貢を取り立てる悪代官のような政府

新型コロナウイルス感染症対策として予算化され支給された給付金の類いは、前述の通り、本来あるべきものとは大きくかけ離れていたことは前述しました。

もらうべき人がもらっていないのです。真に必要とされていたのは、対象を政治的決断で線引きして、その対象の損害の査定を行い、適切な救済策を講じることでした。

私たちはそれを「真水」と呼んでいましたが、直接的な救済、支援が最も効果的だったはずです。しかし、持続化給付金も10万円の給付金も、何を政策課題として行うのか、不明なものでした。有効需要拡大のための経済対策なのか、被害事業者救済施策なのか、目的を明確にして、そして、それが救済であれば、誰を救済するのか、税金の使い方としていいかげんと言って過言でないでしょう。コロナ禍対策に関する章で詳しく書きました

が、パンデミック対策による人災による損害には何の対応もされませんでした。

加えて、政府は「真水」以外にもできることが、否、しないといけないことが二つありました。

被災者（敢えて呼びます）に対する資金繰り支援と税や社会保険料の負担軽減か長期分割納付等の救済です。しかし政府は何も行いませんでした。

例えば、社会保険料について見てみましょう。

パンデミックによって多大な損害を被ったにもかかわらず（パンデミック対策によって、と記述したほうが正しいですが）、社会保険料の減免や分割払いの措置は取られませんでした。それは、まるで、凶作に見舞われた農民から容赦なく年貢を取り立てる悪代官のようです。

その結果、中小企業を中心に社会保険料の滞納による倒産が増加しています。社保倒産が多数発生しています。売国奴の中には、日本の中小企業の生産性アップのためには、倒産は然るべき淘汰であると正当化する者もいます。

消費税についても同様の問題があります。資金繰りに苦しむ企業に対して、仁政がなされているとは言い難い状況です。観光・交通事業者の3年間の損失は大きく、営業状態が元に戻っても、数年では取り戻せません。

政府はせめて10年以上の長期で消費税・社会保険料を分割納付にするとか、消費税や社会保険料相当額の長期融資制度などの救済策を制度化してもいいと思います。しかし、現実は損失を穴埋めするための資金繰り支援や消費税や社会保険料納付のための金融支援はありません。

コロナ禍直後に制度化されたゼロゼロ融資も、3年目には打ち切られてしまいました。県の信用保証協会の保証も終了しました。

しかし、実際には、経済対策という名目で政治課題や政策目的が明確でない中、何らかの名目で大金がばらまかれましたが、本来、パンデミック対策によって営業ができなくなったり縮小したりして、損害を被った企業や個人に対する救済政策についての議論はまったくなされませんでした。

天災と人災とを峻別する

看過してはいけないことは、損害の原因が新型コロナウイルスそのものではなく、感染拡大防止のために実施された対策にあるという点です。

つまり、今回の損害は天災ではなく、人災に近いものです。

本来、国家の役割は、天災がもたらす社会へのダメージを最小限に抑え、被害を受けた人々を救済することにあります。

ところが、現実には、ウクライナ支援に兆円単位の予算が投じられる一方で、国内の被災地への支援は十分とは言えません。万博の開催に固執する姿勢にも、疑問を感じざるを得ません。

私たち国民が納めた税金は、経営戦略に基づいて合理的に使われないといけません。国家は、民間企業と同様に無駄遣いを許されるべきではありません。コロナ禍対策に１００兆円もの国費が投じられましたが、それが本当に必要な分野に行き渡ったとは言い難いのが実情です。

医療機関は潤う一方で、観光業界をはじめとする多くの企業は、一銭の支援も受けられずにいます。残念ながら観光業界は政治的力がありません。給付金の配布には、堕落した民主主義のいわゆるポピュリズムの側面を見ます。

コロナ禍中、よく言われた「命と経済とどちらが大切か」というレトリックを使った人間に対して、私は大変な嫌悪感を抱きますが、日本人の多くの人は、こういうレトリックに弱いものです。

経済とは経世済民であり、そこには国民の命を守ることも入っているのです。

失われた国家経営のスローガン

日本は、マネジメント不在の国です。かつてピーター・ドラッカーがマネジメントの重要性を説いた頃は、この概念が広く受け入れられていましたが、今では死語のようになってしまいました。

日本では、経済と政治、さらには経済と経営を分けて考える傾向があります。大学の学部を見ても、経済学部の中に経営学科と経済学科が併存しており、工学部と経済学部は別々のものであるのが当たり前です。一方で、法学部はあっても単独政治学部というものはほとんどありません。

英語で言うと、政治学はポリティックス、経済学はエコノミックス、経営学はビジネスマネジメントと呼ばれます。経営工学はmanagement engineeringと言います。

昔は「国家経営」という言葉もあったように記憶していますが、現在では使われなくなりました。「国家運営」という言葉が用いられることがあるようです。（国家の）経営には、ポリティックス、エコノミクス、ビジネスマネジメント、マネジメント・エンジニアリングすべてが必要ですが、（国家の）運営にはどれも必要としません。

日本人には国家は経営されるものであるという認識が欠如していると思います。多くの日本人が永田町と霞が関で行われているのは、ポリティックス（政治活動）やアドミニストレーション（行政・管理）、あるいはガバーニング（統治・支配）に関わることだと考えています。ビジネスやマネーに関わることはそれを経済（economics）と称しますが、それは大手町や日本経済新聞や日本銀行で行われていると考えています。

ドラッカーが指摘したように、国家や株式会社のみならずすべての組織（organization）がマネジメントを必要としています。

そして民主主義国家こそ、「国民のための国家のマネジメント」が肝要なのです。

戦前の日本には、富国強兵や殖産興業といったスローガンがありましたが、これらが国家経営の根幹だとの認識があったからと言えるでしょう。

ところが現在の日本には、国家が目指すべきスローガンがありません。ということは、経営哲学の類いがないということです。

本来、国家機関（組織と読み替えていいと思います）は国民のために存在するものであり、国民のためのマネジメントが、その組織のトップを含む人々によってなされないといけません。

具体的に言えば、内閣総理大臣が社長で、内閣の大臣・副大臣や各省の次官は執行役員で、その他の国会議員や官僚は社員というイメージです。

では、なぜ日本はマネジメント不在の国になってしまったのでしょうか。

明治になってから富国強兵や殖産興業が国家経営の基本方針となり、日本は欧米列強に負けないアジアの強国となるべく邁進しました。

しかし、戦争に敗れたことで、そうしたスローガンはリセットされてしまったのです。「強兵」を掲げることは、占領軍にとって都合が悪かった。しかし、逆に日本は「富国」に向かって国民全員で頑張り、奇跡と言っていい程の経済復興と発展を成し遂げました。

しかし、いつの間にかこのざまです。前半の40年は奇跡的でしたが、後半の30年間で私たちはこんなにも落ちぶれてしまいました。

マネジメント不在の国では、環境変化に適応できなくなり、持てるリソースを最適に配分することができません。目先のことにとらわれ、長期的な投資や戦略的思考が欠如してしまうのです。残念ながら、現在でも日本はまさにその状態にあると言わざるを得ません。

否、もっと危機的状況です。なぜかと言えば、民主主義の国として主権者たる国民の意識の問題が大きく関わっているからです。株主がその会社の経営の在り方とその結果としての業績と株式価値の向上について経営責任を経営者に問わない状態に等しい状況なのです。

炎上覚悟で言えば、今の日本国民は、国家の放漫経営を許して、自分がおまけでもらう株主優待券にのみに関心を示す株主みたいなものではないでしょうか。自分だけ配当を多くしろというような、主権在民を取り違えている輩も少なくはありません。現代における全国民による普通選挙による間接民主制では、全国民にリベラルアーツをしっかり勉強してもらい、投票行為を行ってもらうことは不可能ですから、衆愚政治傾向になるのはやむを得ないのかもしれません。

とはいえ、国家経営にかかる人たちのノーブル・オブリゲーションと称する自己責務に対する矜持次第では、最悪のシナリオは避けることができるはずです。

政治家のサラリーマン化を止めるのは国民の責任

結論のみ言えば、前述のサラリーマンの劣化というのが私の見解です。

始めの40年、カテゴリーAもBもサラリーマンは世界に類を見ない人財もしくは人材でした。また、カテゴリーAの人たちはサラリーマンではなく、経営者もしくはリーダーでした。もしくは、今風に言えば、イノベーターでした。

今では、ほとんどのサラリーマンが単なる月給取りカテゴリーB劣化版になってしまい、人在もしくは人罪というカテゴリーの人たちになってしまったと思います。

内閣総理大臣はサラリーマンですが、当然サラリーマンであってはなりません。リーダーであり経営者でなくてはいけません。でも今の総理大臣はサラリーマンです。しかも昔の立派なサラリーマンでなく、劣化したサラリーマンです。これでは日本の国家経営が存在し得ないのは当然です。

ついでに言うと、自由民主党も劣化してしまいました。それは自由民主党の国会議員の先生方が「株式会社自由民主党」のサラリーマンになったからだと思います。

しかも、その社長選びはＡＫＢ48と同様の人気投票です。高いリーダーの資質を備えるボスたり得る人材が必ずしもトップになれるとは限りません。派閥がどうのこうの、政治と金が云々と世間は大騒ぎですが、政治には派閥は必要不可欠です。そもそも政治は思想哲学の違う者の権力争いなのですから。

そうではなく、私は政党助成金が日本の政治を劣化させている一番の原因だと思っています。日本国民は税金で政党を養っているという認識がないし、政党を税金で養うという考えが、政治をサラリーマン化し劣化させていることを理解していないと思います。養うのであれば、政党ではなく、政治家本人を対象としなければいけないのです。国家権力に養われる、政党に養われることが当たり前と思っている国会議員には自助心は当然なく、多くの政治家と称される人たちに本来の政治家として持つべき矜持がないと私は思います。

真の政治家は、私たち国民が育てるものではないでしょうか。

日本の経済の変質と盛衰

日本の現状を見ると、アングロサクソンとユダヤ人による巧みな戦略と陰謀により、日本人の弱点を突かれているように感じます。その背景にはマルキシズムのような思想もあるのかもしれません。しかし、大半の日本人はお人好し過ぎてそのような高度な情報戦、認知戦、諜報戦など、現代的な権謀術数に気付かないでいます。

読者の皆さんは、陰謀論者の私がまた荒唐無稽なことを書いていると思われているかもしれません。

私がアメリカにいた１９８０年から１９８３年は、ちょうどアメリカの産業を脅かすほど、日本が奇跡的経済発展を遂げ、アメリカが日本を脅威に感じ始めた時でした。ＩＢＭ独断場だったメインフレームコンピューターで、ＮＥＣ、日立、富士通、東芝がＩＢＭに肉薄しようとする時に起こった、ＦＢＩのおとり捜査によるＩＢＭのスパイ事件もありました。

松下、東芝などがアメリカの家電市場をＧＥやＲＣＡから奪わんとする時に合衆国の連邦議員が議会をバックに東芝のラジカセをトンカチで壊すパフォーマンスがＴＶで放映されました。

当然、一民間人である私は何の証拠も提示できませんが、２回目の日本潰しは、この頃に始まりました。

最初に狙われたのが、日本の独特な信用創造の仕組みを潰すことでした。そのうちの一つが、ＢＩＳ基準というグローバルスタンダードでした。もう一つが長信銀不用論でした。そして、郵政民営化でした。

ちなみに日本の企業は代金の決済を手形で行い、銀行に１００％依存しない信用創造システムを確立していた頃のことをご存じの方は何人ぐらいいるのでしょうか。

１９８０年後半、アメリカに追い付きそうになった、ひょっとしたら追い越せそうになった日本は、１９９０年代から西洋の先進国、特にアメリカから日本を弱体化させられ始めたことは間違いありません。そして多くの日本人がそれを気付いていませんでした。いまだに気付いていないと言って過言ではありません。

政治と経済と経営を別々に分けて議論する日本では、国家経営について西洋の先進国に対抗して国益を守り国富を最大化するための戦略を構築することが難しいと思われます。

そして、本来は戦略の下部構造として日本国の在り方についての哲学もしくはプリンシプルが存在しないといけないのですが、日本にはプリンシプルがありません。

余談ですが、この時アメリカが、その№１のポジションを維持し、さらに強国となり世界の覇権を握るために従来のプリンシプルを廃し戦略転換しました。一つが軍事技術の民間転用、もう一つが独占禁止法の緩和です。これがなければインターネットもＧＰＳも、そしてビッグテックも存在していないのです。

さて、いろいろな考え方があるとは思いますが、国家経営は「経世済民」、「経国済民」のためになされるものです。すなわち本来の経済のためにです。国民が幸せに暮らすためには、まずは豊かでなければならないのです。経済的豊かさを否定して、人の幸せを論ずるのはレトリックです。

ただし誤解しないでいただきたいのは、私の言う経済とはＧＤＰが何％上がったとか、経済成長率が何％だとか、１人当たりのＧＤＰが世界何位だとか、日経平均がいくらになったとか、そういうことではありません。最近の経済とは別の「経世済民」のことです。コロナ禍の中で、経世済民対策を行わないといけない政府は１００兆円もの支出をして、国民の生活を守るためや企業を倒産させないための経済対策でなく、別な経済対策を行っていました。彼らの経済は平たく言えば、マネーのことで、経済政策は経済指標で国民を認知操作することなのです。

今、世界では、日本では、経済という言葉で語られ、行われていることの実態は、GDPや経済成長率や、インフレ率などの統計上の指標（インディケーター）に人間のほうが支配されて右往左往しているとしか見えません。所詮これはある種のマネーゲームでしかなく、結局、マネーゲームの勝者は持てる者になるのが世の常です。

ブラックロックのようなヘッジファンドが、資金力にものを言わせての先物取引で巨額の富を得てきたことを見れば、今の経済は富者がより富者になるマネーゲームだと思うべきです。そして、それによる貧富の格差を誤魔化す計略が新しい資本主義なのです。

私には、日本を含めた先進国の政府も、GDPが上がったとか、国の借金がGDP比いくらだとか、インフレ率がどうだとか、そういう指標をもてあそんで、経済インディケーター・シミュレーションマネーゲーム的な経済政策を行っているだけ、にしか見えません。結果として富の偏在が生まれるだけです。

例えば中国の経済指標は怪しくて、日本政府が発表するものは正しいと考える根拠はどこにあるのでしょうか。世界で一番儲けているのは、お札を印刷して、好きなだけ信用創造を行って、その資金をマネーゲームに突っ込んで、勝つべくして勝っている輩です。ちなみに、アメリカのFRBを構成している六つの銀行の株式を、アメリカ合衆国政府はひと株も持っていないことをご存じでしょうか。

経世済民の視点で取捨する

昔は「実体経済」とか「購買力平価」とか「有効需要」とかの経済用語がありましたが、今は死語のようです。ウクライナ戦争などの世界的不安定によるエネルギーなど資源の高騰が原因の物価高（インフレーション）に対して、マネタリズム理論をもってインフレ対策として金利を上げるという政策について、昔の人間で最近の新自由主義経済学やマネタリズムについて無知な私には、まったく理解できません。

私としては、国家経営の視点で経済を語るときは、まずは経世済民であるべきと思っていますので、日本の国民を豊かにして幸せに暮らせるようにする経済政策の対象は実体経済であるべきだと思います。

ちなみに前岸田政権の所得税の定額減税や電気・ガス代の負担軽減策は経世済民ではありません。支持率上昇狙いの大衆迎合政策でしかないのです。

もちろん、国際金融マーケットにおける各国の巨大金融資本の仕掛けてくる権謀術数に対して、経済安全保障観点からどう対処するかは別次元で考えられるべきものです。

ただし、それでも国民の生活と日本の産業をどう守るかがプライオリティーの一番であるべきです。これを敢えて経国済民と呼んで経国と経世を使い分けてもいいかもしれません。

くどいですが、日本の経済という分野での国家経営は、富国のための殖産興業と経世済民の経済政策が主であるべきで、不労所得を追求し、統計上、日本国民が豊かになったと錯覚するマネーゲームで成功を求めることではありません。ＧＤＰのような統計は、貧富の格差などの経済の実体の定性的な側面は教えてくれません。

事実、地球上で持てる者は、より富を独占し、20世紀の勝者である西側先進国は、より支配力を強めました。20世紀の勝者で三流国に落ちぶれたのは日本だけです。

最近の話題で農林中金の債権運用の失敗で1兆５０００億円の巨額の赤字を出したことに対して、世間の反応が低いことなど、日本人がどれだけ洗脳されているかの証しです。

ちなみに日本中の農協（農民のお金と敢えて書いておきます）のお金60兆円が東京の官僚の失態で1兆５０００億円毀損したのです。付け加えれば、リーマンショックが1回目で、今度は2回目です。

終章

地方の消滅

地方の企業経営者の僻《ひが》み

「国土の均衡ある発展」という理念の没却

昔の日本は国土総合開発法という法律があり、全国総合開発計画を策定することになっていました。１９６２年に第一次の計画から5回策定されました。これを略して一全総・新全総・三全総・四全総・五全総といいます。五つのうちの四全総（１９８６年）の計画策定の基本理念が国土の均衡ある発展でありました。

キーコンセプトが多極分散型国土となっていますが、これは加速されつつあった東京一極集中に歯止めをかけることや地域間の所得格差の是正を目論んで策定されたのです。しかし、現実は東京一極集中に歯止めはかからず、多極分散もまったく進まなかったと言えます。

その中で五全総が策定されますが、その中では多極分散型国土というコンセプトは出てきません。国土軸というコンセプトが強化され、その結果、三大都市圏に加えて各ブロックの核となる福岡・広島・仙台などが発展し、残りの地方は取り残されることとなりました。

少なくとも、この四全総までは国土の均衡ある発展という理念が国家のプリンシプルとして存在していた事実と五全総以降は、その理念に大義が与えられていないことを、今、地方に住む人たち、特に地方の経営に関与している人たちは認識していてほしいのです。

換言すれば、五全総を策定した１９９０年代末には国土の均衡ある発展を日本は諦めたということです。そして国際競争力という大義のために東京を強くして地方を切り捨てることが国策となったのです。

ナショナルミニマムから規制撤廃へ

昔の日本はナショナルミニマム、シビルミニマムという概念もしくは理念が国の政策の根源のところに存在していました。ナショナルミニマムとは国が法律や施策などによって国民に保障するべき最低限の生活水準や公的サービスのことです。

典型的なものが郵便です。明治になって日本中、日本国民はどこに住んでいても手紙や小包を均一料金で送ること、受け取ることができる制度を確立されていることが近代国家の条件でした。ですから明治政府も近代国家たり得るために明治4年から郵便制度の創設を国策として推進しました。前島密が日本近代郵便の父として有名なのはご存じの読者もいらっしゃるかと思います。

しかし、小泉純一郎内閣の時にこの郵便を含む郵政3事業を民営化しました。この郵政民営化の意味はいろいろありますが、その一つは国によるナショナルミニマムの放棄宣言です。

ちなみにアメリカ合衆国においては、USポスタル（アメリカ合衆国郵便公社）が郵便事業を国営でやっています。社会全体で均一に維持され、誰もが等しく受益できる公共サービスをユニバーサルサービスと現代的には呼んでいます。すべてが民間のアメリカでさえ郵便はいまだにユニバーサルサービスが維持されているのです。

規制緩和、民営化等が経済を活性化させて資源の最適分配が実現するという考え方は、アメリカでレーガン大統領が deregulation 政策を進めたことと、イギリスでサッチャー首相が赤字の国営事業を民営化したことが契機となり、世界の先進国で流行となりました。日本では国鉄の分割民営化が始まりだと思います。

ちなみに deregulation は規制撤廃が正しい訳ですが、日本では官僚の思惑もあり、「規制緩和」という日本語になっています。

日本では、1980年代後半から民営化と規制緩和が無節操に行われました。結果、新自由主義の錦の御旗の下に効率至上主義が蔓延《はびこ》り、ナショナルミニマムというプリンシプルが消失します。ユニバーサルサービスという言葉はすでに有名無実です。

規制緩和の先にあった不公平な世界

地方に住む皆さんは電電公社民営化の時にユニバーサルサービスは守る、と国は国民に約束したのをご存じですか。でも直ぐに地方では光ファイバーの敷設が進まずデジタル・ディバイドの状態になりました。

それまでの公共交通事業はナショナルミニマムの思想の下に、需給調整がなされ、事業自体が認可制であるだけでなく運賃も認可制でかつ内部補助の考えが、このナショナルミニマムを支えていました。

国全体ではなくとも都道府県ではユニバーサルサービスで提供されていました。読者の皆さんにわかりやすく説明すれば、誰でも公共交通事業は行えない、その代わり既存事業者は簡単にやめられないのです。規制の典型です。参入、退出ともに不自由です。需給調整と認可運賃で、どちらかと言えば国が公共交通事業者の採算を管理していると言っていい状態でした。内部補助とは、例えばバスで言えば、乗客の多い都市部で儲けて、乗客の少ない過疎路線の赤字補填に充てなさいということです。

要は〝生かさず殺さず〟、会社が潰れないようにしてあげるから、国や地域のために頑張りなさい、ということでした。その〝生かさず殺さず〟は、民間であっても公の代わりに地域や国民のためにナショナルミニマムを提供する主体者として、その存続可能性が担保されていたということです。

規制緩和や民営化でナショナルミニマムが守れなくなることは自明の理ですが、日本は、１９８０年代後半から「構造改革」と称して規制緩和や民営化を進めてきています。その結果が今です。ＪＲ東日本は東京での不動産事業で大儲けです。ＪＲ東海は東海道新幹線で大儲けです。一方、ＪＲ九州とＪＲ四国とＪＲ北海道は赤字です。民営化以降、不採算を理由に一体、何本の地方の路線が廃止されましたか。

資本主義経済における株式会社は、お金が儲かる事業に投資して、損する事業はやめるのです。そこには内部補助の思想はないのです。そのような経営をしたら、その社長は一期で株主から首にされるのです。

悪循環が招く格差拡大

私は地方の企業経営者ですので、新自由主義経済のアプローチが日本を良くする、日本国民の生活を良くする、と言う輩を、私が詐欺師呼ばわりする理由はこの辺にあります。

ＪＲの民営化は一つの事案ですが、事実このようなペテンの結果、東京と地方の格差は復元不可能なレベルまで広がり、富の偏在は更に富の集中をもたらしています。

問題はそれで終わりません。富の偏在は人の偏在を生み出すからです。現代の日本は封建制ではありませんから、人も東京など大都市に集中します。少子高齢化の日本ですから地方には高齢者しか残らなくなります。

当然、都市部は経済効率が上がり、田舎は効率が下がります。そうすると不採算な田舎を切り捨てることになります。加えて都会の不動産などの資産価値は上がり、田舎・地方では下がるのです。都会の人は資産家になり、地方の人は貧乏になるのです。

２０２４年度の鹿児島県の平均路線価格は32年連続マイナスです。日本で一番路線価が上昇したのが銀座５丁目ですが、我が社はそこに土地を所有していました。銀行の貸しはがしに対処するためにすでに売却しました。

この悪循環の帰結が今の日本です。地方の皆さんに強調したいことは、構造改革とか規制改革とか民営化とか言うことの実態はこのようなことなのです。

私のフラストレーション

最近、私は日本商工会議所のいろいろな委員会に出席しているとフラストレーションがたまります。

「田舎の中小企業のオーナー経営者は頭が悪くてＤＸも知らない。そのくせ社長は社用車のベンツに乗って奥さんは副社長としてＢＭＷに乗っている。それで、ただでさえ生産性が低い会社で従業員を低賃金で長時間労働させているから、イノベーションも起こらない。そんなゾンビ企業は淘汰しないと日本の経済は強くなりません」と講師の先生方は言います。

「そんな中小企業の経営者は消費税で不正をするのでインボイスを保存させないといけない」と財務省の官僚は言います。

「長いデフレーション時代で、日本は経済力が下がり、日本人は貧しくなり、消費しなくなり、景気が低迷した。これからは、ターゲットインフレのために消費を拡大していく。そのためには、日本人の給与を上げて、購買力を高めないといけません」とか、「デフレ完全脱却のための総合経済対策で行われる二つの取り組みで持続的賃上げや活発な投資が実現するので、まずは賃上げをしないといけない」と新しい資本主義実現会議が言っているので、皆さん頑張りましょうという基調で議論される会議ばかりです。

「地域差・企業格差関係なく、国家権力が民々の契約である雇用契約上の賃金に介入するのが当然で、まるで日本の中小企業の経営者は『資本論』の労働者を搾取する悪辣な資本家と認定されている」と感じるような論調で「何故、中小企業の経営者は賃金を上げないのだ」と不条理に責められます。

「冷戦の勝利国の一つ、しかも、世界を主導すべきG7の先進国の一つとして資本主義経済を更に進化させて、普遍的価値観を世界に広め、地球上のすべての人類が17の目標と169のターゲットを実現することで持続的に幸せを拡大させながら暮らせるようにするために主導的役割を担っている日本において、日本人、日本の企業として『日本ファースト』『我が社ファースト』でなくSDGsのために然るべきことを行う義務がある」という偽善と欺瞞の御高説を、くどくど聞かされます。

「バベルの塔で神の怒りを買った人類は、今回はAIによるシンギュラリティ（技術的特異点）を信じて、高度なネットワーク社会を構築して、リアルな世界とメタバースな世界を一致させせないといけない。そのためにはお札から電子決済に変更し、すべての人はコンピューターの中で、デジタル信号としてＩＤ化されなければならない。そうすることでＡＩによって管理・統制された最も効率化された世界が到来する」という軽薄なＡＩ信奉と中国共産党以上に社会を完全管理したいと思っている何者かの計略に安易に乗ってしまう思慮のないＤＸ推進者の論説が人類の進むべき未来だという御高説を拝聴させていただきます。

「20世紀に発展し過ぎた人類は化石エネルギーを使い過ぎて大気中のCO_2を増し、地球に温室化をもたらした結果、人類は温暖化と気候変動によって存続が危うくなっている。だから、これ以上CO_2を排出しないようにカーボンニュートラルな地球をつくるために自己規制しないといけないと先進国のグループの中で決まった。当然、中国、インドなどの発展途上国は納得していないので、そのプログラムに参加していない。日本は唯一の黄色人種の先進国としてこのプログラムに参加している。日本が押し付けられた基準は、ヨーロッパ先進国の徒党で仕組んだ不公正な多数決で決まったもので、それは不当なものだけど、太平洋戦争に負けて以降日本はこの先進国ギルドの優等生として振る舞わないといけないので、日本の国民の皆さんは頑張るように」という本音で議論させてもらえないカーボンニュートラルやＧＸについての薄っぺらい会議に黙って座っています。

「この行き詰まった日本が再び競争力を取り戻すためにはイノベーションが必要で、そのためにはダイバーシティな社会にしないといけない。そして効率至上主義と構造改革主義を妄信して、現在ある社会システムの本質的な問題に注視せず、古臭く見えるものはすべて誰かが不公正に得しても、お構いなしに変えなければいけない。だから、規制緩和や民営化を無思想でもいいから推進しないといけない」というグローバリストの計略の存在の可能性を一顧だにしない前提での日本再生論を前提に、鹿児島県の経済界のリーダーの一人として努力しています。

「『少子高齢化、人口減少』の先進国として、世界から注視されていた日本は、見事に反面教師としてダメな方で範を垂れることができた。そもそも、30年前から予見されていたことだったのに日本の為政者はすべての問題で本質的部分に手を付けず先送りし、対症療法で国民だけでなく自分たちさえもごまかしてきた。助言者もしくは先導者である権威者とチェッカーである第3権力者（マスコミ）は、こうなることは予想できた。にもかかわらず、同調してきたのは同罪に等しい。今さら異次元の少子化対策なんて何をか言わんでしょう。政府が国民から税や社会保障関係の国民負担の額を増やすための詭弁と言ってもいい。そもそもキリスト教的一夫一婦制の先進国では、フランスのようにあの手この手の施策を行っても、出生率は1・8強です」という本音を言えない人口減少、少子高齢化問題についての会議に参加しています。

「日本的雇用慣行・終身雇用制など日本企業の競争優位性の重要な一つをグローバリストの陰謀で破壊され、働き方改革という陰謀で日本人の美徳をキリスト教的原罪意識やマルキシズム的搾取意識に変節するように洗脳された日本は『勤勉は善』ではなくなり、二宮尊徳思想も消滅した。今は派遣社員だらけで、まるで白人の国の労働環境だ。しかも少子高齢化で大切な労働人口は大都市の独り占めだ。画一的知識偏重教育を何十年も続けた日本において、スタートアップ、ベンチャーというお念仏を唱えていれば、日本を変える天才・鬼才・異才のアントレプレナーが然るべき人数出てくるとは思えない。日本の、日本人の強みをどう思っているのでしょうか」とイライラしながら講師の御高説をお聞きしないといけない「日本の現状を如何に打開するか」の会議のプリンシプルの無さに幻滅しています。

日本商工会議所の会議だけでなく、日本バス協会、日本ホテル協会、日本旅客船協会、また、九州経済連合会や九州観光機構など、九州の冠がついた同様な会議で講演を行っていただく官僚を含むゲストスピーカーのお話の基調が私的には納得できるものがほとんどありません。私は内心、前述のような気分で会議に出席しています。たまに異を唱えてKY発言を行いますが、黙っていても、発言しても、フラストレーションの量は変わりません。

日本の会議は議論する場ではないのです。ですから哲学的に言えば、日本ではアウフヘーベンが起こらないのでしょう。

地方の企業経営者の僻み

前述の会議でたまにKY発言をしたときに、時々会議の後で私に「よく言ってくれました」と賛同と激励の言葉をかけてくださる方がいます。しかし、大概の人から私は「この人はこの国の仕組みを理解していない変な人だ」といった感じで見られているようです。大袈裟に言えば、地方の人間が東京の人を僻んで、そんな発言をしているように見られていると思うことが多いのです。

シャープ勧告以来80年、日本の地方税制は矛盾を抱えたままままったく変わっていません。今の制度では東京の税収が多いのは当然ですが、だからといって都民だけが恩恵を多く受けることはズルくないですか。自民党の先生方は憲法改正の時に是非この不公平な税制を改めてください。

緊急事態宣言の時、地方の飲食店は20万円の協力金をもらいましたが、東京は確か40万円だったと思います。東京都の高校生は公私関係なく学費負担無しです。地方は公立のみです。地方の公共工事は熊しか通らない高速道路に税金を使うのは無駄と言われて、30年間、公共工事は大幅に縮小されました。でも、その後の30年間、東京では大規模開発が多くなされ、マッカーサー道路もでき、環六の地下にはとんでもない高速道路ができ、地下鉄の新路線も増加しました。東京のインフラ整備にどれだけの公的資金が投入されたのでしょうか。このような不公平な扱いを受けて僻まないほうがおかしくないですか。

私の嫌いな言葉が「東京ファースト」です。首都である東京は「アフター地方」ではないのでしょうか。

中央と地方の格差とそれを生み出した日本の社会制度の問題点とその是正について国としての議論がなされることはありません。では日本が強くなるために東京を強くするという大義が今の現実を見ていまだに正しいと言い張ることはできないでしょう。

今回の都知事選で小池さんを支援した自民党の先生方、特に地方選出の先生方は、自民党は中央、地方どちらのための政党かよく考えていただきたいです。よろしければ自民党は二つに割れてもらったほうが地方にとっては都合がいいです。

「アファーマティブ・アクション」という言葉があります。差別に苦しむ社会的弱者の不利益な現状を是正するために積極的な改善措置のことを言います。1961年にJ・F・ケネディが大統領令において初めて法律として具現化しました。その後、時代とともに進歩し、現在は逆差別ではないかと批判が出るレベルで特定のカテゴリーの優遇を行い、社会に歪みを生み出しているとの評価もあります。

資本主義と民主主義と国家

資本主義の驕りと堕落

私は高校生までは、資本主義は機会平等、社会主義は結果平等と習いました。それぞれに短所があり、資本主義では競争の敗者、つまり経済的弱者が出てしまいます。社会主義においては頑張ってもその成果が自分に返ってこないので、誰もリスクを積極的に取ったり頑張ったりしなくなるため、社会全体が停滞もしくは衰退します。

資本主義においては、その欠点を補完するために福祉制度を必要とし、過度の富の偏在を調整するために政府が税金を取って、富の再分配を行います。その税金の取り方も、お金持ちからは多めに取って貧しい人々からは取りません。これを累進課税制度と呼びます。そして、一見不平等に見えますが、弱者の救済の観点から言えば、こちらのやり方が公正さを担保しています。

社会主義経済においては、計画経済という手法でいろいろなことが試みられましたが、結局、悪平等の社会では生産性が上がらず、経済を拡大させられず、ソ連が崩壊してこの対立の敗者となりました。

勝利した資本主義の驕りと堕落がその時から始まりました。また、ソ連の崩壊イコールマルキシズムの消滅ではありません。前述の通り、マルキシズムは一国で実現するものではなく、インターナショナルに実現するものだからです。

資本主義が驕り、堕落する中、逆にマルキシズムがグローバリズムの仮面を被り、普遍的価値観と名称を変えて世界中に浸透しました。これがイデオロギー視点での、私の地球の現在の政治思想に関する環境分析です。

今の貨幣経済・金融支配経済の世の中は、マルクスの言う生産手段を資本は直接持っていません。また、資本家が持っている生産手段もほとんどありません。多くの生産手段は上場された会社の株式として、ファンドという無人格な資本のエクイティとして、時には優先株、劣後ローンのような資本と作為的にみなす債権として、特定されない、誰でもない誰かの（所有物というより）支配下にあります。

つまり、個人の資本家は存在しないのです。上場会社やファンドには個人のオーナーはいないのです。見方によれば、マルクスの理想とした誰のものでもない生産手段の所有形態に現在の資本主義の資本のありようは極めて近似値と言えるのではないでしょうか。発達し過ぎた資本主義の問題点はシュンペーターも指摘しています。

唯一大きく違うのは、富の偏在が限界を超えて行き過ぎ、復元不可能の状態になってしまったのです。世界の富の90％以上を1％の人たちが握っているという説があります。今の資本主義は機会平等ではないのです。

日本の資本主義の凋落に拍車をかけた前政権

岸田さんの新しい資本主義を世界経済フォーラム（ダボス会議）の受け売りであると前述しました。私はいまだに資本主義は機会平等がそのイデオロギーの肝と思っているので、この新しい資本主義について理解できないでいます。ましてや岸田さんは行き過ぎた新自由主義を是正するためにと言っていましたが、日本をボロボロにした新自由主義とグローバリズムを助長するとともに、それを隠蔽するための間違いではないでしょうか。こんな詐欺師のような印象操作の典型が竹中平蔵氏の「ベーシックインカム」なる思想です。結果平等主義は社会主義・共産主義そのものです。どこが機会平等の資本主義なのでしょうか。したがって、岸田さんの言う新しい資本主義でも、再配分に近い考えが強調されているようですので、基本、資本主義の仮面を被った社会主義のことだと思ってしまいます。こういうことを考えるときに大事なことは、前章では言及しましたが、誰がどんな基準で、誰から取り立て、どんな考え方を根拠に、どんなやり方で、誰に与えるかであります。その観点では、前政権で財務省とポピュリストである岸田さんが行っていることが最悪であることを、プリンシプルに頓着ない日本のマジョリティの人にどうしたら気付いてもらえるかがポイントです。

主権在民の政体が成立していても、実質的な国家経営を担っている国家権力の構造が明治以来の中央集権官僚体制では、日本が強くなるため日本人が幸せになるため、そしてそれを持続可能とするための最適解を求めて、取り立てと配分が適切になされているはずはありません。加えて、今の政治家には高邁な政治理念を持ってその官僚をコントロールできる人はほとんどいません。

統治行為論を税の分野でも当然の如く振り回す財務省など霞が関のやり方と、自由民主党の総裁でありながら資本主義の仮面を被った社会主義のイデオロギーで日本の社会構造を改悪しようとしている岸田さんとの二人三脚で行っていることに、伝統的な資本主義を支持する小資本家の私が賛同する訳はありませんが、たった一人では何もできないのです。

徴税と分配についての提案

ここで二つのことを、明言します。

1番目に、取り立てをする官僚は、取りやすいところから取り続けています。取られるほうがだんだん疲弊していこうとも、です。取りやすいところ、それは小資本家及びその人たちが経営している中小企業です。そろそろ中小企業の経営者の皆さん。一揆の時間ですよ。

2番目に、配分の仕方もしくは配分先が、日本が強くなるため日本人が幸せになるための最適解でないからです。貧富の格差のみでなく、中央と地方の格差ももっと問題とすべきです。地方創生では何も起こらなかったでしょう。難しく考える必要はありません。せめて国だけでも「東京ファースト」をやめることです。しかし、大企業の本社も、お金持ちも、官僚も、マスコミも、高名な学者も、ほとんどすべて東京に住んでいますから、「地方ファースト・東京セカンド」というスローガンが出るはずがありません。政治の力で英断してほしいです。

新しい資本主義には、中央と地方との格差是正、中央一極集中のための改善のための再配分、という哲学はありません。地方と中央との格差並びに富の偏在は、経世済民ではなくマネーゲーム経済のための政策がなされているから生じるのです。マネーゲームの勝者は当然、外資も含め東京に集中します。そして、その類いの新しい資本主義・新自由主義・グローバリズムの経済政策では更に富が中央に独占されて、より地方は疲弊していくのです。

とはいえ、不条理な差別に苦しむ中小企業の経営者に、アファーマティブ・アクション政策は、ほんの少しだけあります。しかし、ほとんどは問題の本質に切り込むものでなく、時限立法で、5年ぐらいでなくなります。事業継承税制などが典型です。

中央と地方との格差を是正するアファーマティブ・アクション政策があってもいいのではないでしょうか。大都市圏の法人税の税率と地方の税率と差をつけると、本社を地方におく大企業が出てくるかもしれません。固定資産税の税率を下げて東京と大阪と名古屋だけに地価税を復活する等、いろいろ考えられます。岸田さんの新しい資本主義が中央と地方との不公平と格差を是正する、中央への富の集中を再配分することに重きを置く方針に切り替えられたら、多くの地方の人間がそれを支持する、と私は思います。

人の原点としての利己とエゴから環境の変化で広がる世界

私は詭弁が嫌いです。例えば、国の借金が1200兆円で国民1人当たり1000万円を超えた、などという騙《かた》りです。

また、日本は民主主義だからどうのこうのという観念論もあまり好きではありません。戦後の日本人は民主主義を学んでいないため、自分の都合のいいように解釈し過ぎです。

人の原点は利己でありエゴです。そして民主主義は一人ひとりの人間のエゴを人権として認める前提で構築された思想です。この人のエゴを認めるところから、人と社会について、いろいろと論理構築していった流れを啓蒙主義といいます。その啓蒙主義における人の集合体である社会のあるべき姿が民主主義という形に帰結しました。

実際、人間はこの世に生を受けた時点で、すでに社会は存在しています。

人は一人では生きていけない、と小さい時に大人から習います。子供にとって最初の社会は家族です。一般的に父と母がいて、兄弟・姉妹がいて、ケース・バイ・ケースですが祖父・祖母がいます。エゴとしての人間は、それは利己的な存在ですが、自分の置かれている環境により、除々に変質していくものです。

社会人となった人は、最初はシングル、いわゆる独り者で、すべて自分中心でものを考えれば良かったのですが、結婚すれば夫婦2人をユニットとして考えるようになります。子供が生まれれば家族の意識を持ち、家族をユニットとしてものを考えるようになります。同じ場所に住み続ければご近所との付き合いや地域社会での役割も生まれるでしょう。父母に兄弟姉妹がいれば叔父さん・叔母さんや従兄弟・従姉妹もできます。兄弟姉妹にも家族ができれば親戚の関わりが生まれます。それが婚姻で更に広がり親族という大きなグループになります。

このようにして血縁・婚姻・地縁というういろいろな繋がりで、ある種のコミュニティが成形されます。やがて自分の住んでいる市町村の住民としての意識ができて、さらに県のことを考えるようになり、国のことを考えるようになります。

国民国家を意識することから始まる

現代の国は「国民国家」といわれます。国民国家という概念がいつできたのか知りませんが、17世紀ぐらいだと思います。もちろん地域や国により差があります。

イギリスの正式名称は、グレートブリテン及び北アイルランド連合王国（United Kingdom of Great Britain and Northern Ireland）です。

これに倣《なら》い、国民国家の枠組みで言えば、日本は、〝グレート日本及び琉球連合王国(United Kingdom of Great Japan and Ryukyu)〟でしょう。

アイヌを一つの先住民族だと認めさせようとする人々がいますが、ここでは琉球は王国だったわけですから、とりあえずGreat Japan and Ryukyuにしておきます。キャンセルカルチャーで既存の文化や伝統を壊したがる人の論争に巻き込まれたくありません。

廃県置藩論者の私の歴史認識では日本が国民国家を意識するようになったのは明治維新からです。それまでは「United 藩 s of Japan」でした。

江戸時代までは日本という漠然とした国の概念があるだけで、西洋における国家の要件を満たしていなかったと思います。もっともこのような小難しい理屈は学校の歴史では習いません。

人は一人では生きられないといいます。人は社会的存在であるともいいます。民主主義の原点は、人は皆、利己的であり、それは天から与えられている自然権という何人も侵害できない権利を持っているという考えです。ある意味、人は社会的存在であると矛盾するように思えます。ホッブズやロックやルソーはそれにいろいろな理屈をつけて、その矛盾を解消しようとしています。

ただ私としては、エゴな人間が社会的存在となるのは、前述の血縁・婚姻・地縁の繋がりの広がりが人を抵抗感なく社会的存在にするから、と考えます。

国民国家という枠組みは、啓蒙主義的な考えの中で、自然に形成されたものではありません。むしろその逆で、極めて人為的な、もしくは作為的なものです。イスラエルを見ればよくわかるでしょう。したがって、ある意味、国民国家と民主主義は相性がいいとも言えません。究極の自然権論者は国家を否定するアナキストですから。太平洋戦争の特攻で戦死した人は国体を守るために進んで死んだのではない、家族のために死んだのだ。この自説を私は絶対に曲げるつもりはありません。

日本も敗戦までは国民国家的でしたが、正しくは国民国家ではありませんでした。天皇陛下の国（皇国）で私たちは臣民でした。nation、people、citizen、subject のsubject です。話が逸れますが、いかなる国家形態でも人は people です。ですから私はリンカーンのゲティスバーグの演説が好きですし、nation よりも country が好みです。

やや話が抽象的になり過ぎてきましたが、私が言いたいことは要するに、人が国益とか国家とかを考えられるようになるためには、夫婦や家族といった身近な共同体が存続するための基盤について考え始めて、それを地域や国家という概念に拡大し、そこで改めて自分と家族の身を守るためには地域や国家に対してどのように考えるべきか、何をすべきかに至ると考えるのが妥当だということです。

ですから愛国心といった類いの思いは、自分や家族を守るための国家という枠組みがしっかりしていなければ絶対に生まれない感情です。

鹿児島商工会議所の理念は「先祖代々子々孫々の持続可能性」

人の自己やエゴが、身近な範囲から国家に至るまで広がっていく話をしましたが、時間軸でみるとどうなるでしょうか。

鹿児島商工会議所の理念の中には、「先祖代々子々孫々。誇れる郷土の持続可能性」といったテーマを会頭として入れました。

1200兆円の借金の話に戻ると、この詭弁は次にこの借金を次世代に残してはいけないというロジックをもっともらしく提示します。そして、この日本の負の財産は、私たちの代で何とかしないといけないという問題提起になり、結論として、プライマリーバランスが守られないといけないということになります。

その結論をもって、緊縮財政と増税が正当化されます。

まず、国家機関の借金とおぼしきものは国民の借金ではありません。また国家経営の視点ではB／Sの右側に1200兆円の負債が戴っていても、左側にG7国・日本国の国有財産が載っているのです。少し深掘りすると、株式会社が私的整理を行った際に借入金を株主が全額肩代わりさせられる話で、左側の資産はどこに消えたのかという疑問を国民に持たせないためのメタファーを悪用した印象操作でしかありません。

この辺のところを更に深掘りして、金融資本がどうやって株式会社や国を破綻させて、その財産を収奪したかを皆さんに御理解してもらうようにしたいのですが、本書ではこのくらいにさせていただきます。できれば、皆さんなりに勉強してほしいです。

ひるがえって、一人の人間として、これからの日本がどうなるかという視点で将来のことを考えると、普通は、自分の余生は？　自分の子供たちは？　孫たちは？　という視点との関連で日本の先行きを考えるはずです。孫たちまでは考えても、ひ孫たちまで考える人はさすがにほとんどいないと思います。最近は、そう考えない人も増えてきましたので、これに異を唱える方もいらっしゃるでしょうが、人とはそうやって人間社会を維持・存続させてきたと思います。

空間的にもエゴたる人が国民としての意識を持つには、個から始まって、家族、コミュニティ、地域、そして国家というリアリティを持って認識が繋がることが必須であるように、時間軸的にも人は観念的な未来と自分の余生との間にある子供たち、孫たちの将来に思いを巡らさないで、いきなり国家の先行きに関心を持つことはないと思います。

これを地域もしくは鹿児島というフレームで普遍化して表現すると先祖代々子々孫々となります。

多分、衰退していく日本が、このまま転げ落ちていっても、その過程で、中央によって地方が切り捨てられても、私の余生は心配ないでしょう。我が社が倒産しない限りは、ですが。

ただ子供たちのこと、孫たちのことを考えると、かなり悲観的です。第一義的には孫たちの将来を慮《おもんぱか》るのは子どもたちです。そこで私の役目は、子供たちが孫たちの将来のために努力するとき、より有利な環境で子どもたちが頑張ることができるようにすることです。

人口問題と地方の危機

子育て支援策、そのソリューションの欺瞞

近年、日本における人口減少問題や少子高齢化問題が深刻化していますが、真のソリューションを提示する者は誰一人としていないのが現状です。学者や専門家と称する人々が登場し、一見正解らしき話をするものの、それらは本質を捉えていないことが多いのです。

例えば、2014年に岩手県知事の増田寛也氏が「消滅可能都市」という言葉を用いて問題提起をしましたが、それから10年たった今も、政府は具体的な対策を打ち出せていません。にわかに岸田前首相は、子育て支援策を最重要政策として掲げましたが、本質に切り込んでいないので、人口減少と少子高齢化問題のソリューションとは言えません。

一部の評論家は、未婚化が問題だと指摘しています。民主主義国家ではキリスト教の影響を受けた社会契約説が規範となっていますので、一夫一婦制が絶対的な原則です。この

原則を前提とする限り、先進国では出生率が2を超えることは絶対になくフランスやスウェーデンのように、婚外子も認めて支援を手厚くしても、出生率は1・8程度にとどまっています。

人口減少問題と少子高齢化問題に対するソリューションは異なります。人口減少問題は一朝一夕には解決できないため、時間をかけて取り組む必要がありますが、政府は子育て支援という場当たり的な対策で問題をごまかそうとしています。しかも、その財源は増税による国民負担であり、結婚をためらう要因にもなりかねません。

本来、日本国の存亡に関わるという危機感を持って、人口減少問題と少子化問題のソリューションに挑まなければならないはずです。しかし、現状は正解らしき答えを示すことで問題をはぐらかし、その場しのぎの対策を打ち出すだけです。これは日本の教育制度や社会の仕組みが、正解っぽい話でうまくごまかす人材を生み出してしまったからかもしれません。

正解とソリューションは異なります。ソリューションは問題に真正面から取り組み、様々な角度から検討して対応策を練る必要がありますが、正解は都合の良い答えを一つ選んで示すだけで済んでしまいます。

YouTubeで発見した新たな概念が「決着」です。解決策が見つからない問題に対して、戦争などで相手を打ち負かすことで決着をつけるという方法があるそうです。これは解決とは異なる概念ですが、現実的な対応策の一つと言えるでしょう。

棄民社会である日本

以前、経済学者で起業家の成田悠輔氏が高齢者集団自決発言をし、炎上しました。これは口には出せない真実を突いた発言だと言えるでしょう。

日本は、江戸時代までは鎖国して、農本主義経済国でした。江戸時代にはＳＤＧｓは無かったのです。当然出生率は2を大きく超えていたでしょう。医療というものは存在していなかったので、逆に幼児死亡率はかなり高かったでしょう。

結果として、人口の増減はその時の天変地異・疫病などに左右されましたが、微増で推移しています。これは微かながら農業の生産性・生産力が上がり、人口が増加しても、その人々が生きていくのを支えるだけの経済力があったからと思います。

しかし日本は姥捨山という言葉が示すように、ある集団の全員が食うだけの食料が足りないときは、労働力となり得ない老人がすすんで山の中に捨てられることが当然となっていた国でした。

明治維新後も多くの日本人が南米に移民したのも、本質は同じです。ある意味、日本は棄民社会であると思っています。

しかし戦後それは一変しました。

医療、年金などの民主主義先進国の社会保障が導入され、戦後復興のための「生めよ、増やせよ」、「ベビーブーム」で人口も増加し、いろいろな好条件が重なって奇跡的な経済発展を遂げました。ですから、ごく最近までは、そこそこの割合の労働人口が確保され、医療保険も年金もうまく回ってきたのです。

人口減少問題は、実は日本の問題ではなく地方の問題です。日本の問題は人口構造問題です。それを本質的な問題でなく対症療法的視点で捉えると、少子高齢化問題となります。

ご存じのように、人口構造は底辺が広く徐々に幅が狭くなっていく、つまり三角形が理想と言われます。もうじき日本は逆三角形になります。当然それはどういう意味を持つか言わずもがなでしょう。

端的なものが年金です。昔は55歳まで頑張ればよかった日本人を60歳まで、65歳まで、そして今は70歳まで頑張れと、自分の都合で社会のルールを政府は変えてきました。民間人と国との契約である年金も国家権力を悪用し、法律を変えて、今は社会保険料の取り立ては税金と同じになってしまいました。当然、契約は国民から見て不利益変更がなされ、もらえるお金は漸次減らされ、時期も繰り下げられました。本当は税金でもないのに一方的に負担を上げられました。租税立法主義がある税金の方がましかもしれません。

根っこに人口構造の問題がある限り、このような姑息な対症療法では、年金問題の本質的な解決にはなりません。

基本、国の活力は絶対的な人口ではなく、人口構造によります。

そういう意味で、成田氏が現代版「姥捨山」を言い出し日本の人口構造を三角形にするアイデアを提示したのは、一応理にかなっています。しかし今の日本は民主主義社会ですから、万人の持つ自然権を否定するアイデアは、たとえ本気でなくとも万人から攻撃対象となるのは当然です。

成田氏はイェール大学出身で、頭も非常に良い人だそうです。彼は bright で、clever で、smart で intelligent な人でしょう。しかし、賢者（wise man）ではないようです。加えて、彼のような頭の良い人間も、否、頭が良い人ほど大前提の価値規範が、経済効率であると考える人が今の地球上の主流派であることが恐ろしく思えます。

しかしながら年金は現実として破綻寸前で放置できません。

一人の国民として自説を御披露しても詮無いことですので、ここで話はやめますが、二つだけ自己主張しておきます。

取りやすいところから取るという理不尽なことはやめてください。加えて今の高齢者が今までに働いて蓄えてきた資産はどうしたのでしょうか。私の言う資産とは相続税の対象となる私有財産のことだけを言っているのではありません。国有財産でも国民のもので、その国有財産の形成は国民の努力の結果です。

国民が蓄えた郵便貯金はどこにいったのでしょうか。国鉄や電電公社や専売公社が持っていた資産は今どうなっているのでしょうか。その資産の処分の経緯について、国民に説明がなされているのでしょうか。この疑問に答えていただきたいものです。

人口構造の歪みのつけは地方へ

私の主たる関心事は、人口減少の実害が地方に起きていることと人口構造問題の実害が地方の存在を危うくしていることです。

すでに述べたように、グローバリストの陰謀によって日本的雇用慣行は破壊され、富のみならずすべてのものが、東京もしくは大都市圏に集中しました。結果、日本の働き手はホワイトカラーもブルーカラーもすべてがサラリーマンから労働者になってしまいました。つまり労働市場が流動化したのです。

当然、富のみでなくすべてを独占している東京に人は集中します。少子高齢化した、つまり人口構造が歪んだ日本で労働人口という年齢の人たちをほとんど大都市が持っていけば、地方に残るのは高齢者がほとんどになります。

政府や識者は2030年、2040年の高齢化率を示し、さも近い将来の問題のように見せていますが、これは統計詐欺です。地方は2024年の時点で、国としての人口減少問題と人口構造問題のつけを中央から押し付けられて、すでに消滅寸前です。

当然、社会システムの基礎の要素である人間がこういう状態ですので、システムとして地方の地域社会はすでに機能不全に陥っています。リクルートワークス研究所の調べでは、100人の住民が生活するに必要な社会サービスの供給が人手不足で不可能となる地域がそろそろ出てくるとのことです。2040年には東京と千葉と神奈川と大阪以外の地域の住民は生活に不便をきたすことになるとのことです。逆に言えば、その四つの地域は2040年までは困らないということでもあります。すでに地方に住む皆さんは、今でも日々生活が不便になっていく実感があるのではないでしょうか。

当然、経済についてはもっとひどいこととなっていきます。そのメカニズムはすでに述べましたが、左記の点を注意喚起しておきます。

日本商工会議所（以下、日商）は中小企業の活動を支える経済団体の役目を担っています。日商での議論は、日本の企業中、中小企業の割合は99・7％、また日本の企業の従業員のうち中小企業の従業員は69・7％という前提でなされています。当然、日商として政府の政策にいろいろと意見を出していますが、99・7％と69・7％の認識の中で物事が考えられています。

しかし実態は、東京では企業数で98・7％、従業員数で41・6％です。ちなみに鹿児島県は企業数で99・9％、従業員数で91・7％です。宮崎県は99・9％、94・0％。大分県は99・9％、93・7％です。東京では従業員の60％弱が大企業の従業員です。

例えば、政府が推進する賃上げの話にしても、中小企業の従業員が91・7％という実態を持つ鹿児島県商工会議所連合会長の私が、前岸田政権の新しい資本主義政策を実態に合った適正なものだと考えることはないのです。

大体、地方の中小企業は生産性が低いという前提でDXやGXや働き方改革で生産性を上げて、賃金を上げて、消費を拡大して、経済好循環を生み出すという成長戦略を真に受けて、鹿児島商工会議所がその方向で政策を行うことなどありません。これも統計詐欺の一つでしょう。

私の想い

私のコロナ禍裁判も一般財団法人不当課税裁判も異常な行為と取られるかもしれません。そういうふうに受け取る人に敢えて申し上げれば、この30年間で日本がなぜここまで沈没したのか、このままだとどうなるのかを真剣に考えていないのではないですか。加えて言えば、東京など大都市部に住んでいる人たちは、現状でそういうことを考える必要もなく、そういった危機感も抱くこともないでしょう。

しかし、もう少しだけ想像力を高めていただき、地方のこと、日本全体のことに思いを巡らしていただきたいです。そして地方にいる人々は私と同レベルで危機感を持ってほしいのです。特に各県の知事、そして県庁の幹部職員の方々、県庁所在地の市長さんたち、地方選出の国会議員の先生方、県議会議員の皆さん、そして商工会議所の会頭他議員の方々、商工会、中小企業組合連合会の各県の会長さんたち、各県のバス協会・旅客船協会・タクシー協会・建設業協会・トラック協会・税理士協会・旅館協会・医師会そして農業団体の方々、さらには第一地銀と第二地銀と相互信用金庫のトップの方々、皆さんがそのお立場でできることを今やらないと地方は消滅し、日本は主権国家としての存在が危うくなると思います。

皆さんのお子さんがすでに東京に住んでいるからと済ませないでほしいのです。お孫さんのことを考えると日本の先行きについて心配になりませんか。

裁判の成り行き次第では、私は更に過激になっていくと思います。消費税と社会保険料の取り立てを猶予してくれなかったことに対する訴訟は真剣に検討しています。さすがに私も国や鹿児島県を相手に損害賠償の裁判はしたくはありません。

とはいえ、県境を越える旅行や帰省で感染が拡大することはないという科学的エビデンスを得ている私としては真実を明白にして、それによって信義則にかなった為政がこの国で施されんことを求めないわけにはいかない、とも思っています。

あとがき

2024年の鹿児島県知事選の投票日は、東京都知事選と同じ7月7日でした。鹿児島県知事選は現職の2期目の続投が信任される結果となりました。実は、前回、前々回と2回続けて自民党推薦の現職が負けていた状況のなか、8年ぶりに自民党推薦の現職が勝つという鹿児島らしい結果となりました。私も、体制側であるべき鹿児島県商工会議所連合会会長として、過去、現職・自民党推薦という2点セット完備の候補者を当然のこととして推して、結果2連敗を喫しています。

今回は、有力対立候補がいなかったので、2点セット完備の候補者が負けることはないと予想できたのですが、我が社も、私が関連する政治団体からも、推薦状を直ぐには出しませんでした（結果的には出しましたが）。

理由は、（1）自民党の県連からも後援会からも、推薦依頼の書面が1枚送りつけられただけだったからです。だから、私はかなり拗ねていました。（2）自民党の県議団がマニフェストも示されていない段階で推薦を決めたからです。

間違いなく現職知事が再選される、そういう状況だからこそ、県議団が県政を預かる組織のトップに、次の4年間どのような理念と戦略で、どのような政策を行っていくのかを問いただすことは、県政における行政権力を唯一牽制できる議会人として、県民に対する義務だと私は思います。にもかかわらず、我先にと勝ち馬に乗って知事の覚えをめでたくしようとしているのではないかと勘繰ってしまうような態度は、政治家としての資質を疑いたくなります。

地方において知事の権力は絶大です。民主主義の看板を掲げていて、しかも戦前の官選でなく民選知事であったとしても、中央集権官僚制というシステムの下部組織の長という位置付けにあるとの認識を忘れてはいけません。

特に、3割自治と称される貧乏鹿児島県においては、その財政を仕切っている総務省から出向している総務部長と財政課長の方が知事より権力を持っているのかもしれません。

私は1年程前に、鹿児島県においても質問趣意書の条例を制定してほしいとお願いをしました。国会議員にはすでに法律で質問趣意書を出す権利が与えられています。この法律では、国会議員であれば内閣に対して政府見解等について質問を行うことができ、内閣はそれに対して必ず、公式に回答する義務があるのです。地方自治法にはそういう条文がないため、別途、条令を制定する必要があるそうです。残念ながらいまだに音沙汰なしです。

私は今からの4年間が、日本にとり、鹿児島にとり、とても大事な時だと思います。だから、せめて私は、絶大な権力を持つ知事の県政が官尊民卑的な上意下達型にならないように、県議・市議・市町村長という地域の政治家に対して、経済界の人間として、強く働き掛けていかねばならないと考えています。また、従来の日本的な常識として問題行為と考えられるような行政訴訟も、子や孫のために臆せず行わなければ、と思っています。つまり、今後は「地方一揆」を起こしていかなければならない、と考えています。ただし一揆は一人ではできません。多数の人が結束して蜂起しなければ一揆にならないのです。民主主義における民間人が、為政者の悪政に対して異を唱える行動を民主主義の一揆と称したいと思います。実は、その民間人は主権者であり、為政者の上位に位置しているのです。多くの主権者が能動的に国家経営に物申し、行動しなければ、地方は、そして日本は消滅します。

選挙についても、マスコミに操作された支持率に右往左往するような今のような投票行動では悪政は正せません。

最後に、小池百合子東京都知事以外の全国の知事さんに申し上げたいことがあります。コロナ禍中、PCR検査の陽性者数に一喜一憂して、他県からの旅行者に自分の県に来るな、と発信されましたよね。

本書で述べた通り、旅行で感染は拡大しません。コロナ禍が収束して、知事の皆さんは「観光振興」に勤しんでいらっしゃるようですが、本当に自県の観光を盛んにしたいのであれば、まずはコロナ禍でダメージを受けて存続が危うい地元の交通・観光事業者を救済すべきである、と思いますが。

もし財政が問題であれば、コロナ禍の時に全国知事会でＧｏ Ｔｏ トラベルの中断を申し入れた時のように、全国知事会で交通・観光救済交付金を３兆円ぐらい支給するように要望してほしいです。残念ながら、観光について、今の国土交通省には大物政治家のバックもなく、地方の交通・観光事業者救済のための財源を獲得する力がないのです。

一揆の本来の意味は「心を一つにすること。行動を共にすること」です。一揆は農民が起こすものと思われがちですが、戦国時代までは武士や寺社によって起こされていたのです。それを考慮すると、今からの地方一揆の主体は知事や地方議会の議員さんであってほしいのです。

【著者】
岩崎芳太郎（いわさき・よしたろう）
いわさきグループCEO。30数社のCEOとして、鹿児島を中心に、観光・ホテル・陸運・海運・航空・放送・製造・林業など幅広く事業を展開している。1997年マンスフィールド特別賞受賞、2019年国土交通省大臣表彰。鹿児島商工会議所会頭、（一社）鹿児島県商工会議所連合会会長、鹿児島県観光連盟副会長、鹿児島観光コンベンション協会副理事長、九州商工会議所連合会観光委員会委員長、九州観光機構理事、日本ホテル協会理事九州支部長、日本バス協会理事、日本旅客船協会理事、（一財）岩崎育英文化財団理事長などの要職を務める。

1953年 鹿児島県生まれ、鹿児島市立玉龍高校から慶應義塾大学経済学部に進学
1976年 三井物産株式会社入社、1980-1984年 米国（ニューヨーク）勤務
1984年 岩崎産業株式会社入社、1987年 同社副社長、2002年 同社代表取締役社長に就任
著書『地方を殺すのは誰か』（PHP研究所 2009年）、『理不尽 観光を殺すのは誰か』（あさ出版 2021年）

地方一揆
沈黙は愚かである。今、薩摩の地から反旗を翻す。

2024年11月26日　第1刷発行

著者 ―――― 岩崎芳太郎
発行 ―――― ダイヤモンド・ビジネス企画
〒150-0002
東京都渋谷区渋谷1丁目6-10 渋谷Qビル3階
http://www.diamond-biz.co.jp/
電話 03-6743-0665（代表）

発売 ―――― ダイヤモンド社
〒150-8409　東京都渋谷区神宮前6-12-17
http://www.diamond.co.jp/
電話 03-5778-7240（販売）

編集制作 ―――― 岡田晴彦
編集協力 ―――― 地蔵重樹
装丁 ―――― いとうくにえ
DTP ―――― 齋藤恭弘
印刷・製本 ―――― シナノパブリッシングプレス

ISBN 978-4-478-08515-8